成功に導く！

事業計画作成支援マニュアル

森 隆夫 著
公認会計士・税理士・中小企業診断士

ビジネス教育出版社

── ダウンロードサービスについて ──

　本書に収録した事業計画書のうち下記のものはダウンロードして使用することができます。

◆ダウンロード方法
①https://www.bks.co.jp/download/202503mori/index.html

②該当のファイルを選択してください。

(注)
●閲覧のための推奨ブラウザ：Google Chrome
●スマートフォンでも閲覧可能ですが、PCやタブレットでのご利用をお奨めします。

はしがき

　創業しようとするとき、あるいは新事業を行うときなどは、まず何の商品を、誰に、どうやって、いくらくらいで売ろうかと考えます。
　このように、ただ頭の中で計画を想定しているだけでは十分ではありません。想定した計画を実際に文書化し数字をあてはめてみないと、本当に事業として成り立つのか検証できないからです。
　そこで、事業計画の目的としては、第1に、利益を上げ事業を継続するための具体的な設計図としての役割が挙げられます。文書化することによって頭の中で考えたことを整理します。外部環境や内部環境の分析を行った上で、どんな商品をいくらで何個売れば事業として成り立つのかなどについて数値計画を作成し、実現可能性についても検証します。

　次に、事業を行うには必ず資金が必要です。銀行や投資家から資金調達をする必要がある場合、記憶をたどりながら口頭で説明するだけで信用してもらうのは困難でしょう。
　そこで、第2の目的としては、事業に信用を付与するための第二者への説明資料としての役割が挙げられます。出資や融資、助成金を受けるため、さらに取引先や連携先を開拓する場合などには、事業の健全性や将来性をアピールすることになりますが、行き当たりばったりの口頭の説明では説得力はありません。事業計画により、事業が成り立つ根拠をできる限り具体的に説明し、説得する必要があります。

　また、一口に事業計画といっても、その形式は事業の状況に応じた事業目的によってさまざまです。企業には導入期から始まり、成長期・成熟期を経て衰退期に至るというライフサイクルがあると言われており、各時期の特徴に応じた事業計画を策定します。
　導入期なら、創業計画によりまっさらな状態から事業を作り上げていく道筋を示します。創業後の成長期・成熟期であるならば、その時点で

の既存事業の状況や市場の状況などによって、既存事業をさらに伸ばしていく、あるいは既存事業をベースに新事業展開をしていくための計画を中期経営計画などに盛り込みます。さらに衰退期においては資金繰りの改善を目的とした計画や事業を再生するための計画を検討しますが、事業縮小・撤退のための事業計画も検討しなければならないこともあります。

　また自己資金で行うか、出資、融資、補助金などを受けるのかなどによっても事業計画の重点は変わります。

　融資の条件変更の際の経営改善計画や、事業の再構築、M&Aなどの事業再編、事業再生などさまざまな場面での事業計画もあり、事業承継の際の事業承継計画や、災害時などに事業を継続するための事業継続計画なども事業計画の一つです。

　本書では、まず上記の目的を達成するために必要となる事業計画の基本となる事項について解説した後、各種類型の事業計画について、実例を交えながら、できるだけ具体的に解説いたします。

　本書が、事業計画を作成する際の一助になれば幸いです。

　末筆になりますが、今回の出版の機会をいただきましたビジネス教育出版社様、ご担当いただきました山下日出之様、および、執筆にあたり貴重なご意見をいただきました中小企業診断士、公認会計士などの専門家の皆様に、深く感謝申し上げます。

　令和7年2月

森　　隆夫

目　次

第1章　事業計画の概要

Ⅰ　事業計画とは··10
Ⅱ　事業計画の目的··11
　1　事業を成功させるための道しるべ···11
　2　事業への信用の付与··12

Ⅲ　事業計画の種類··14
　1　導入期の事業計画··14
　2　成長期の事業計画··14
　3　成熟期の事業計画··15
　4　衰退期の事業計画··15
　5　事業継続のための事業計画··15

第2章　事業計画作成の基本

Ⅰ　事業計画の構成··18
Ⅱ　各パートの内容··19
　1　会社概要のパート··19
　2　現状分析のパート··20
　3　戦略立案のパート··20
　4　数値計画のパート··21
　5　実行計画のパート··21

Ⅲ　事業計画書の記載内容··23
　1　会社概要···23
　2　現状分析···25
　3　事業戦略の立案··32
　4　数値計画作成のポイント···39
　5　実行計画（組織・人員計画、実行スケジュール）····························68

第3章 各種事業計画の作成

Ⅰ 導入期の事業計画 ……………………………………………… 85
1 創業時の事業計画～創業計画～ ……………………………… 85
①目的 …………………………………………………………… 85
②特徴および留意事項 ………………………………………… 86
2 創業計画書の作成ポイント …………………………………… 87
①創業の動機 …………………………………………………… 88
②経営者の略歴等 ……………………………………………… 88
③取扱商品・サービス ………………………………………… 88
④従業員 ………………………………………………………… 89
⑤取引先・取引関係等 ………………………………………… 89
⑥関連企業 ……………………………………………………… 90
⑦借入の状況 …………………………………………………… 90
⑧必要な資金と調達方法 ……………………………………… 90
⑨事業の見通し ………………………………………………… 91
⑩創業計画書の記載例 ………………………………………… 91
3 事業計画の運用 ………………………………………………… 101
①実行スケジュール …………………………………………… 101
②検証 …………………………………………………………… 102
③数値計画の見直し …………………………………………… 102

Ⅱ 成長期の事業計画 ……………………………………………… 103
1 事業拡大時の事業計画～中期経営計画～ …………………… 103
①目的 …………………………………………………………… 103
②特徴および留意事項 ………………………………………… 103
③計画策定のポイント ………………………………………… 104
④中期経営計画書の記載例 …………………………………… 109
2 海外展開のための事業計画～海外展開事業企画～ ………… 122
①目的 …………………………………………………………… 122
②特徴および留意事項 ………………………………………… 122
③計画策定のポイント ………………………………………… 124
④海外展開事業計画書の記載例 ……………………………… 129

Ⅲ 成熟期の事業計画 ... 133
1 中小企業経営力強化関連の事業計画〜経営力向上計画〜 ... 133
①目的 ... 133
②特徴および留意事項 ... 134
③計画策定のポイント ... 135
④経営力向上計画の承認と支援措置 ... 140
⑤経営力向上計画書の記載例 ... 141
2 新事業に取り組むための事業計画〜経営革新計画〜 ... 149
①目的 ... 149
②特徴および留意事項 ... 150
③計画策定のポイント ... 152
④経営革新計画の承認と支援措置 ... 154
⑤経営革新計画書の記載例 ... 155

Ⅳ 衰退期の事業計画 ... 173
1 経営改善のための事業計画〜経営改善計画〜 ... 173
①目的 ... 173
②特徴および留意事項 ... 173
③計画策定のポイント ... 174
④「経営改善計画策定支援事業（405事業）通常枠」の利用 ... 178
⑤経営改善計画書の記載例 ... 179
2 事業再建のための事業計画〜事業再生計画〜 ... 185
①目的 ... 185
②特徴および留意事項 ... 185
③計画策定のポイント ... 188
④「中小企業の事業再生等に関するガイドライン」の利用 ... 190
⑤「経営改善計画策定支援事業（405事業）中小版GL枠」の利用 ... 191
⑥企業再建計画書の記載例 ... 191

Ⅴ 事業継続のための事業計画 ... 198
1 事業の承継のための計画〜事業承継計画〜 ... 198
①目的 ... 198
②特徴および留意事項 ... 199
③計画策定の流れ ... 200
④計画策定のポイント ... 200
⑤事業承継に関する公的支援制度 ... 208
⑥事業承継計画書の記載例 ... 209

2 災害等に備えた事業計画〜事業継続力強化計画〜 218
- ①目的 218
- ②特徴および留意事項 218
- ③計画策定の流れ 219
- ④計画策定のポイント 219
- ⑤事業継続力強化計画の認定と支援措置 222
- ⑥事業継続力強化計画書の記載例 223

Column

- 事業計画と補助金〜どっちが先？ 71
- 事業計画と社会保険〜影響は意外に大きい 74
- 事業計画と税金〜これだけは知っておこう 77
- 初めての事業計画（事業計画を作ったことのない方へ）〜まずは簡単な予算から 80
- 事業計画とCSR、SDGs〜企業理念などに織り込む 82
- 「来期こそもうだめだ」〜「起死回生」の事業計画はNG 231

◆ 索引 232

第1章

事業計画の概要

Ⅰ 事業計画とは

◆事業計画は、事業の未来の設計図

　事業計画は、現在から将来にわたり企業が進むべき方向を示す事業の設計図の役割を担います。その定義は定まったものがあるわけではありませんが、その範囲は、ある特定の事業のみに限定したものから、企業全体に関する計画まであり、作成目的によってさまざまな種類の事業計画が存在します。

◆企業ライフサイクルに合わせた事業計画の策定

　企業には導入期から始まり成長期、成熟期を経て衰退期に至るライフサイクルがあると言われていますが、それぞれの時期に必要とされる事業計画があります。

　本書においては、事業の未来の設計図たる事業計画について、その基本となる事項について解説したのち、ライフサイクルの各時期の特徴に合わせたさまざまな目的に対応する事業計画についても記載します。

【企業のライフサイクル】

ライフサイクル	特　徴
導入期	●企業や商品の認知度が低く、需要が少ない ●売上は緩やかに上昇 ●固定費を賄う運転資金、販売促進費、設備投資など多くの資金が必要
成長期	●企業や商品の認知度が上がり、需要が急激に増加 ●競合他社が市場へ参入 ●売上は急激に上昇 ●販売促進費や設備投資のほか、在庫負担増、管理費の上昇などにより、資金需要は旺盛。資金繰りに注意が必要
成熟期	●市場は安定し、他社との競合が激化 ●売上は横ばいから、やや減少傾向 ●コストを抑え利益率を改善させるための経営管理面の強化ととも

	に、新事業展開など再び成長軌道に戻すための取組みが必要
衰退期	●需要が低迷し、市場は縮小 ●売上、利益ともに減少 ●資金繰りの改善策、事業の抜本的な見直しが必要 ●事業再生、撤退、第二創業などの検討

II 事業計画の目的

　事業計画には、主に「事業を成功させるための道しるべ」、および「事業への信用の付与」の2つの目的があります。

❶ 事業を成功させるための道しるべ
◆**構想を具体化する。成功、すなわち利益を出し続けるための道しるべ**

　創業を志した方とお話をすると、例えば物販であれば「お客様のためにより品質の良い商品をお手ごろな価格で提供したい」、飲食であれば、「お客様の豊かな食生活に貢献するため素材を生かした創作料理を近隣の人々に懐にやさしい値段で提供したい」、といったお話を耳にします。

　それはそれで素晴らしい志だと思うのですが、それで本当に成り立つのでしょうか。事業には、開業のための設備投資や開業後の運転資金などの経費が相当程度かかりますが、それを回収して、かつ、利益を出さなければ事業は継続できません。

　事業を継続できなければ、いくら良い志をもっても上記の思いを実現することができないばかりか、固定費や借入金返済などの支払いができず、周囲に多大な迷惑をかけてしまうことにもなりかねません。

　利益がすべてではないという言い方をする人もいますが、事業を開始する以上、成功し社会に貢献するためには利益を出し続けなければなりません。そのためにいくらの売上を上げればよいのか、また必要な売上を上げるためには何をなすべきか知る必要があります。これらについての構想を具体化するための道しるべになる役割を担うのが事業計画です。

◆根拠付けが事業計画のカギ。顧客ニーズの分析、競合優位性の獲得が重要

　利益を上げるためには、事業のコストを上回る額の売上を上げなければなりません。売上は単価×個数で計算されるので、コストを回収するために何個売ればよいのかを計算すると、良いものをより安くというのがいかに難しいのか理解できると思います。(P39「数値計画作成のポイント」参照)

　また、何個売ればよいのかがわかっても、数ある商品の中から自社の商品を選んでくれる保証はありません。多分売れるであろうではなく、競合商品の中で、自社製品を選んでもらえる理由付けが必要です。

　例えば飲食店の場合でも、席数×単価×回転数で予想売上を単純に求めていても、果たして計算通り席が埋まるでしょうか。数ある競合店の中から、自店を選んでもらうのは簡単ではありません。

　物販でも飲食でも、提供する商品やサービスが顧客ニーズに合致しているか、他店に対する競合優位性が確保できているかなどについての根拠付けが重要です (P25「事業領域の検討」参照)。

　このように、利益を上げ続け事業を継続するためには、コストとして、原価などの変動費および販管費などの固定費を計算し、どんな商品を何個売ればコストを回収した上で利益を出せるのかを知る必要があります。

　また常に変化する顧客ニーズを分析し、競合に勝つためにどんな優位性を確保できるのかなどについて、事業計画においてできるだけ具体的に根拠付けをします。

　事業計画には、事業の成功の実現に向けての方策を整理するとともに実現可能性について検証する「成功のための道しるべ」としての役割があります。

❷ 事業への信用の付与

◆利害関係者へ理解を求める。事業への信用の付与

　開業するためには、資金が必要です。すべて自己資金で賄えればよいのですが、自己資金で足りない分は、金融機関からの融資や投資家から

の出資、補助金などにより賄います。その際の提出資料として事業計画書が必要となることがあります。資金調達のためには、将来の計画についての妥当性を説明することが必要であり、適正な事業計画は、事業に対する信用を付与する役割を担うことになります。

①融資の場合
◆**返済能力に問題はないか**
　融資の場合には、金融機関としては、将来貸したお金が戻ってくるかどうかを検証するために、事業計画の提示を求めることになります。

　金融機関は、資金計画は適正か、返済計画は妥当かについて審査します。返済の原資は大まかにいうと利益＋減価償却費ですから、計画された利益で返済が可能かどうか、さらに、その利益計画の実現可能性について検証を行うことになります（P54「資金計画」参照）。

②出資の場合
◆**将来リターンが見込めるだけの十分な利益を確保できるか**
　株式出資は返済の必要がないため、投資家は配当や株式売却によって投下資金の回収を図ることになります。出資する投資家にとっては一般に融資よりもリスクが高く、それに応じた高いリターンを求めることになるため、現状の財務内容や今後の利益計画等についての検証がより厳しく行われることになります。いくら良い数字を並べても、他社に対する競合優位性の確保など、売上と利益を確保できることについて、根拠付けのしっかりした納得のいく計画になっていなければ、出資を受けることは難しいでしょう。

③補助金等の場合
◆**政策目的に沿って使われる計画となっているか**
　補助金、助成金の場合には、一民間企業に対し国民が拠出した税金を投入するわけですから、投入した税金が国の政策目的に応じ有効に使われるか、また、事業継続の困難等により投入した税金が無駄になってし

まわないかという観点等から事業計画の妥当性が厳しくチェックされることになります。

III 事業計画の種類

◆企業のライフサイクルの時期に応じたさまざまな事業計画がある

　企業には導入期から始まり、成長期、成熟期を経て衰退期にいたるライフサイクルがあります。

　企業は、ライフサイクルの各時期に必要とされるさまざまな戦略を策定するため、各時期に応じた事業計画が存在します。

❶ 導入期の事業計画
◆事業を軌道に乗せるための設計図

　事業実績がなく手探りの状態からのスタートとなります。企業理念やビジョン、事業コンセプトなどを定め、成功のための戦略を「創業計画」の中で検討することによって事業の設計図を描き、新たな事業を軌道に乗せるための足掛かりとします。導入期は設備資金や少ない売上を補い固定費を賄うための運転資金、また顧客獲得のため企業の認知度を高める販売促進費など、多くの資金を要するため、資金計画も重要です。

❷ 成長期の事業計画
◆増加する需要を捉え成長軌道に乗せる。資金繰りに注意

　需要が急激に増加し、市場へ競合他社が参入してくる時期です。事業拡大を目指し、生産の拡大や市場の開拓など、成長戦略策定のための「中期経営計画」を策定します。また、海外への事業展開を行うための「海外展開事業計画」などにより成長のための道筋を検討し、事業をより成長軌道に乗せることを目指します。事業拡大に伴い多くの資金が必要となるため、資金繰りに行き詰まらないよう、融資申込みなどの早めの資金手当てが必要です。

❸ 成熟期の事業計画

◆経営改革や管理の強化による利益率向上。新事業により再び成長軌道を目指す

　市場が安定し売上は横ばいかやや下降傾向になり、他社との競合も激しくなる時期です。企業の労働生産性を高め経営の安定を図るための「経営力向上計画」や、新たな製品や市場開拓などの新事業に取り組むための「経営革新計画」などにより、停滞しつつある事業が衰退期に向かわないよう、再度成長軌道に乗せることを目標に計画を策定します。

❹ 衰退期の事業計画

◆資金難解消のため事業の抜本的改革が必要。事業再生、撤退、第二創業も検討

　需要が低迷し、売上や利益が減少してくる時期です。経営不振に陥った企業が、返済計画を見直す際に金融機関から求められて作成する「経営改善計画」や、事業を再建させるための「事業再生計画」などにより、生き残りをかけた事業計画を策定することがあります。また、事業の柱となる収益性の高い事業がないなど、事業の再生が見込めない場合には、撤退を検討するとともに新たな創業を目指すことも検討します。

❺ 事業継続のための事業計画

◆後継者対策、災害への備えにより企業の永続を目指す

　上記の企業ライフサイクルの枠組みには必ずしも当てはまりませんが、事業を後継者へ承継するための「事業承継計画」、災害などの緊急時に事業を継続するための「事業継続力強化計画」など、事業継続を目的とした事業計画もあります。事業承継計画は、企業ライフサイクルで言えば、成熟期から衰退期にかけて検討することが多いと思われます。一方事業継続力強化計画は、その対象となる災害はいつ起こるかわかりません。日々の業務に追われここまでなかなか手が回らないことも多いかもしれませんが、従業員、取引先などのためにも、経営者には事業を継続する責任があります。専門家なども活用しながら早めに検討しておくことが

大切です。

　本書では第2章で事業計画に共通する基本的事項について、また第3章で企業ライフサイクルの各時期におけるさまざまな目的に応じた事業計画について解説します。

【企業ライフサイクルごとの事業計画の例】

導入期の事業計画	●新たに事業を開始する際の「創業計画」
成長期の事業計画	●成長を目指す「中期経営計画」 ●海外進出のための「海外展開事業計画」
成熟期の事業計画	●企業の経営力を高めるための「経営力向上計画」 ●新事業に取り組む際の「経営革新計画」
衰退期の事業計画	●返済計画の見直し交渉などの際の「経営改善計画」 ●事業再建のための「事業再生計画」
事業継続のための事業計画	●事業を後継者へ引き継ぐための「事業承継計画」 ●災害時等に事業を継続するための「事業継続計画（BCP）」「事業継続力強化計画」

※成長期と成熟期においては、必ずしも上記の区別は明確ではありません。例えば成熟期においても再び成長軌道に乗せるための中期経営計画や、新市場展開のための海外展開の事業計画などを策定することもあります。ただし、本書においては、上記のそれぞれの時期を念頭に置いて記載しています。

第2章

事業計画作成の基本

Ⅰ 事業計画の構成

◆利益をいかにして継続するか。現状を分析して目標を設定。実行計画を立てる

　事業計画にはさまざまな目的のものがありますが、利益をいかにして上げ続けるかを示すことは共通であり、作成の基本的な考え方は概ね同じです。

　まず現状の分析を行い、経営課題を抽出した上で、製品開発や市場開拓などの進むべき方向性を検討します。その後数値計画の設定を行い、実行のための計画を立てます。会社概要も大枠では現状分析に入りますが、外部の利害関係者が利用する際にわかりやすいよう、事業計画書では分けて最初に記載します。

　具体的には、①会社概要（沿革または経営者略歴、企業理念・ビジョンなど）、②現状分析（事業領域、ビジネスモデル、内部・外部環境分析など）、③戦略立案（経営課題の抽出、事業戦略など）、④数値計画（売上計画、損益計画、資金計画など）、⑤実行計画（組織・人員計画、実行スケジュールなど）が事業計画書の構成の柱となりますが、事業計画の種類によって、必要な項目を加えます。

　会社概要 → 現状分析 → 戦略立案 → 数値計画 → 実行計画

　この章ではまず、各種の事業計画策定に共通する基本的な事項について解説します。

◆会社概要→現状分析→戦略立案→数値計画→実行計画。計画の種類にかかわらず、基本的な考え方は変わらない

　事業計画書には、日本政策金融公庫や信用保証協会などで提示している書式など、さまざまな形式のものがあります。本書の第3章以降でもいろいろな種類の事業計画書を取り上げています。

　各種の事業計画書ごとに形式が少なからず違ってはいますが、実は、

基本的な考え方はあまり変わりありません。もっともこれは事業計画に限りません。仕事や勉強、スポーツでも、成長のための計画を考える際には、①まず自分の状況を振り返り問題点を抽出します。②それを解決するための方策を考え目標を立てます。③そして具体的に勉強や練習の計画を立てて実行します。事業計画も同じです。

なお、事業計画書作成の際には、企業外部への提出を意識し、会社概要と数値計画を独立させて記載します。したがって、本書においては、①会社概要のパート、②現状分析のパート、③戦略立案のパート、④数値計画のパート、⑤実行計画のパートの5部構成を基本とすることとします。

II 各パートの内容

1 会社概要のパート

◆**会社概要のパートでは、企業理念が重要。会社の普遍の価値観、存在意義を示す**

まず、現状の把握のため、会社の概要において会社の基本的な情報、沿革や経営者略歴などを整理します。ここは経営計画を見る従業員や外部の利害関係者に向けて会社の概要を紹介する目的もあります。また、企業理念はその企業の根本的な価値観や存在価値を示すものですから、最初に明確に記載することによって、事業計画全体に一体性を持たせることにもつながります。

◆**経営ビジョンを開示する**

経営ビジョンとは企業理念を根底に、将来の企業のなりたい姿を現したもので、数値化した経営目標として表すこともあります。自社の進むべき方向性や目標数値を具体的に示すことによって、顧客等の外部の利害関係者に向けてだけでなく、社員が一体となって行動する際の指針となりモチベーションの向上にも貢献することがあります。

❷ 現状分析のパート

◆現状分析のパートでは、SWOT分析なども利用し現状を把握する。経営課題の抽出の基となる

　まず商品やサービスの特徴、ターゲットや狙うニーズ、競合に対する優位性など、自社の事業領域を明らかにします。

　また企業のビジネスモデルを図式化（ビジネスモデル俯瞰図）することによって、事業の流れや利益を得る仕組みを整理することができます。ビジネスモデル俯瞰図は、外部の利害関係者にとっても事業を理解するために有用です。

　さらにSWOT分析といわれる手法などを利用して、自社の内部環境としての強みや弱み、外部環境としての市場の状況や消費者のニーズ、競合などの機会と脅威を分析します（P30参照）。その結果から自社の解決すべき課題や対応すべきニーズを検討し、経営課題の抽出の基とします。

❸ 戦略立案のパート

◆戦略立案のパートでは、経営課題の抽出と、その解決策としての事業戦略を考える

　解決すべき経営課題を抽出します。経営課題の抽出方法についてもいろいろな切り口があります。ただ漠然と考えるよりも、例えば、販売戦略の検討の際に使われるマーケティングの4Pといわれる、Product（製品やサービス）、Price（価格）、Place（流通）、Promotion（販売促進）を切り口として、それぞれについての現状の経営課題とその解決策を考えるのも有効かもしれません（P32参照）。

　経営課題の抽出の後、それを解決するための事業戦略を考え、数値計画に落とし込みます。

❹ 数値計画のパート

◆現状分析、目標設定を踏まえ、数値計画を作成する

　経営課題を抽出し、その解決策の方向性を示す事業戦略を策定したら、実行すべきことを念頭に置いた上で数値計画を作成します。

　数値計画は、売上計画を基本として、損益計画、設備投資計画、資金計画などを作成します。

　数値計画には、事業計画の実現可能性を検証する役割もあります。

❺ 実行計画のパート

◆実行計画のパートでは、実行のための組織・人員と役割分担、スケジュールについて図式化し明確にする

　事業計画は実行されて初めて意味を持つことになります。実行するためには具体的な役割分担を決めておくことは重要で、その前提として組織体制を見直します（P68参照）。

　また、誰が何をいつまでに行うかを図式化しておくとよいでしょう。

【事業計画の構成の例】

- 会社概要のパート
  - 会社の基本情報
  - 沿革または経営者略歴
  - 企業理念
  - 経営ビジョン

- 現状分析のパート
  - 事業領域の検討
  - ビジネスモデル俯瞰図
  - SWOT分析

- 戦略立案のパート
  - 解決すべき経営課題の抽出
  - 事業戦略の立案（経営課題の解決策）

- 数値計画のパート
  - 売上計画
  - 損益計画
  - 設備投資計画
  - 資金計画

- 実行計画のパート
  - 組織計画
  - 実行スケジュール

事業計画作成の基本 第2章

III 事業計画書の記載内容

❶ 会社概要

◆事業計画書利用者への会社の紹介。現状分析の基礎としての役割も

①会社の基本情報

　会社の基本情報を、例えば以下のように記載します。事業計画書の利用者のために簡潔に記載します。

　（記載例）

　・商号　　　　　　株式会社○○○
　・本店所在地　　　東京都中央区○○1丁目2番3号
　・代表者　　　　　代表取締役社長　○○○○
　・役員構成　　　　取締役3名　監査役1名（取締役会設置会社）
　・資本金　　　　　1千万円
　・従業員数　　　　20名
　・会社目的　　　　○○○○○
　・許認可　　　　　○○○○○

②沿革、経営者略歴

◆経験は「強み」

　沿革や経営者略歴は、会社や経営者の実績、経験を表すものですので、事業計画の信憑性を高めることにつながります。特に事業計画に関係のある経験は「強み」となりますので、強調して記載するようにします。

　なお一般的には、創業計画の場合には「経営者略歴」、中期経営計画など創業後の事業計画の場合には「沿革」を記載します。

③企業理念

◆企業理念は企業の基本的な存在意義、価値観を表す

　企業理念とは、企業の活動指針としての基本的な考え方で、経営者や従業員にとっての会社の目指すべき方向性を示すと同時に、顧客や一般

消費者等の企業外部の者に対しても、企業の基本的な存在意義を示す効果があります。

　企業理念は、事業計画書作成においても、計画全体に一体性と説得力を持たせるカギとなります。

◆顧客や社会への貢献がキーワード。まずは自分の言葉で書いてみる

　顧客への貢献、社会への貢献などをキーワードに、創業動機などの自身の思いを併せて、企業の根本的な存在意義、価値観を示す企業理念を考えます。

　大手企業などにおいても、自社のホームページなどでさまざまな企業理念を開示していますが、あまり難しく考えすぎず、例えば「安全な食を通して人々の健康に貢献する」「新しいシステムを開発して人々の生活を便利にする」など、自身の事業をはじめた動機から導き出します。

　当初は良いフレーズが思いつかなくても、事業計画を検討していく段階で、あるいは事業開始後において少しずつ見直していくうちに、徐々に企業理念としてまとまってくると思います。

【企業理念の例】

	企業理念
ZOZO	世界中をかっこよく、世界中に笑顔を
ソフトバンクグループ	情報革命で人々を幸せに
資生堂	ビューティーイノベーションでよりよい世界を
クックパッド	毎日の料理を楽しみにする
ファーストリテイリング	服を変え、常識を変え、世界を変えていく

事業計画作成の基本 第2章

④経営ビジョン
◆**経営ビジョンは企業の将来のあるべき姿、具体的目標を表す**

　経営ビジョンとは、企業の将来あるべき姿、ありたい姿などの構想を文書化したものです。企業理念と明確な区別があるわけではありませんが、一般的には、将来のあるべき姿、実現しようとする目標を示すことが多く、「〇〇年には売上高〇〇億円企業に」といったように具体的な数値を掲げることもあります。経営ビジョンには、自社の進むべき方向性や目標数値を具体的に示すことによって、顧客等の外部の利害関係者に向けてだけでなく、社員が一体となって行動する際の指針となりモチベーションの向上にも貢献することがあります。

　企業理念は、企業の根底の存在意義、価値観ですので、基本的に随時変わるものではありませんが、経営ビジョンはその時々の状況によって変化させ、時勢に合った目標とすることも必要です。例えば、近年では環境問題などにも配慮した企業ビジョンに変える例や、CSR（企業の社会的責任）、SDGs（国連が掲げる「持続可能な開発目標」）などを意識した企業ビジョンもあります。

2　現状分析

①事業領域（事業ドメイン）の検討
◆**限られた経営資源を有効活用するため、事業領域を検討する**

　事業領域（事業ドメイン）とは、「誰に、何を、どのように」提供するか定義することを意味し、提供する商品・サービス、ターゲット顧客、対応するニーズ、競合と比較した自社・自店の優位性等の要素を含みます。

　限られた経営資源を有効に使うためにも、現在の事業の活動領域を明確にし、領域外で無駄に使われないようにします。

　　ア．提供する商品・サービスの特徴
◆**自社の商品・サービスの特徴を記載。平易な表現で記載することが重要**

　　提供している商品やサービスについて、その機能や使い方、その他の特徴について、わかりやすく整理します。商品説明は専門的な言

25

葉になりがちですが、事業計画書は、社内だけで利用するものではありません。金融機関、投資家など外部の人たちにも理解できるよう、平易な言葉で説明することが大切です。

◆単なる機能説明だけでなく、差別化のポイント、提供する価値、具体的な使用場面も連想できる説明にする

　商品・サービスの基本的な機能や使用方法を羅列するだけでなく、具体的な使用場面も連想できるように工夫して記載します。また、他社製品との差別化のポイントや、顧客に提供する価値など、自社の視点のみに偏ることなく、顧客が得られるであろう価値を説明します。

　イ．ターゲット顧客、対応するニーズ
◆ターゲットを明確にする。あまり広げない方がよい

　物や情報が豊富で競争が激しい昨今、「人・物・金・情報等」の経営資源に乏しい中小企業にとっては、ターゲットを広げるのは難しく、特定のターゲットに絞り込み、そのターゲットに向けた特徴的な商品やサービスを開発し提供する方が効率的であると言われています。ターゲットを絞り込むことによって、そこに経営資源を集中し、競合優位性を確保します。

◆STP分析によるターゲットの絞り込み

　STP分析とは、「セグメンテーション」により市場を消費者の属性に従って細分化し、「ターゲティング」により細分化した市場の中でターゲットとして狙う層を検討し、「ポジショニング」により競合他社との位置関係の検討を行う分析手法です。主に市場開拓のための戦略策定に役立てる手法ですが、ターゲットを絞り込む際の考え方としても有効です。

　まず「セグメンテーション」により、消費者を職業、年齢、性別、地域、年収、購買履歴などの要素で区分し、自社の商品・サービスが、

どの区分の層に受け入れられそうか検討します。その際には統計調査などの情報を利用します（P35参照）。

◆対応するニーズを分析する

次に、「ターゲティング」により自社の商品・サービスが、消費者のどのようなニーズを満たすかを整理した上で、どのセグメント区分をターゲットとするかの検討を行います。

◆競合他社との位置関係を確認

さらに、「ポジショニング」により、自社の商品・サービスについて、品質、価格、機能などの点における競合との位置関係を確認します。具体的には、ポジショニングマップなどを利用して、競合との差別化について検証します（次頁参照）。

【セグメンテーションの例】

職業	自営業、会社員、主婦、アルバイト・パート、学生
年齢	10代、20代、30代、40代、50代、60代、70代
性別	女性、男性
家族構成	独身、既婚（子どもあり）、既婚（子どもなし）
住まい	賃貸、持家（共同住宅）、持家（一軒家）
地域	○○県、○○市、○○町
年収	200～300万円、～500万円…1,000万円超

〈ターゲット絞り込みの例〉
商品が満たすと想定するニーズ：主に中高年層の疲労回復・健康増進のニーズ
絞り込むターゲット：「子育て（既婚子どもあり）と仕事（パート）を両立している40代～50代の女性」

ウ．競合と比較した自社・自店の優位性
◆セールスポイントを文書化する。強みを強調し競合との差別化要因を考える

自社の商品・サービスの特徴や強み等を強調したセールスポイントを整理します。
　例えば、地元に無農薬の品質の良い野菜を生産する友人の経営する農家があり、自社で無添加の食品に加工できる技術と設備を有している場合には「体に優しい○○産無添加○○○」など、自身の人脈や技術等の強みを生かして、競合となるコンビニや大手スーパーにはない差別化要因となる要素を強調します。
　商品やサービスの特徴や自社の強みを生かしたセールスポイントを明確にすることは、ターゲットとなる顧客に対し、競合と比較した優位性をアピールする上で重要です。

◆ポジショニングマップによる差別化の検証
　ポジショニングマップとは、購買決定要因などを縦軸と横軸に配したマトリクス上において、自社および競合の立ち位置を図示したものです。主に競合との関係で自社の立ち位置を明確にすることによって、競合との差別化について検証するために効果的で、次の手順により作成し検証します。

①購買決定要因、自社および競合の強みなどを基に縦軸と横軸を決定
②自社と競合他社をマトリクス上に記入する
②競合に対する差別化について検証を行う（現状の自社の位置、差別化できる位置の確認）

【ポジショニングマップの例】

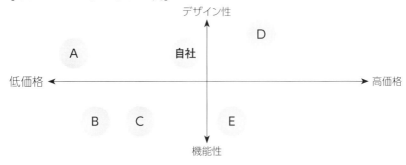

②ビジネスモデル

◆ビジネスモデルを具体化し図式化する。融資の際の説明資料としても有効

　企業理念があり、提供する商品やサービス、ターゲットとする顧客などが決まっても、それだけでは事業は開始できません。商品仕入れなどの供給ルートがあって、商品を販売した後代金を回収し利益を得るまでの具体的な仕組みなどを検討しなければなりません。

　ビジネスモデルとは、これらの商品や資金の流れなど、その事業から利益を生み出すための仕組みを整理したもので、取引の流れを図式化しておきます。

　金融機関や取引先への説明資料にもなりますので、誰が見ても理解できるよう、簡潔に作成しましょう。

【ビジネスモデルの簡単な図式化例】

食品加工販売業

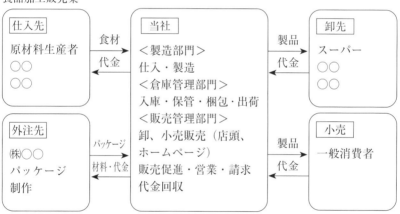

※一般消費者への販売の際、ショッピングモール運営会社が運営するサイトへ出店する場合、信販会社を通した代金決済をする場合などには、上記の図にショッピングモール運営会社や信販会社を加えるなど、予定する取引形態に合わせ作成します。

〔SWOT分析等による検証〕
(1) SWOT分析

◆**差別化戦略の検証。「強み」を生かすのが重要。さまざまな場面で利用できる分析ツール**

　動機や企業理念を明確にし、事業領域を決定し、ビジネスモデルまで具体化したら、今度はその計画している事業が、競合他社との競争に勝ち残ることができるかということを検証することが必要です。その手法として用いられる方法の一つに、SWOT分析があります。

　SWOT分析とは主に企業の内部環境としての強み（S = Strength）と弱み（W = Weakness）、自社を取り巻く外部環境である機会（O = Opportunity）と脅威（T = Threat）を整理・分析し、企業の解決すべき課題、対応すべきニーズを明らかにして、企業の経営戦略の検討に役立てる手法です。

　自社の強みと弱み、外部の機会と脅威を把握することで、「強みを生かし、弱みを補強し、機会を生かし、脅威に打ち勝つことができるか」という観点から経営戦略等を見直すことができます。

　特に、創業期や新事業を行う事業計画においては、自社の強みは何かということを把握し、その強みを生かした戦略により、競合他社の脅威に対抗することができるか、ということを検証することが重要となってきます（クロスSWOT分析。以下(2)参照）。

　SWOT分析は、創業時や新事業計画策定の際に事業領域等を考えるための分析や経営戦略の策定や検証の際に利用するなど、さまざまな場面で有用な手法です。

【SWOT分析：飲食店の例】

内部環境	外部環境
強み（S） ● 飲食店での料理長としての勤務経験が10年ある ● 料理長時代からの顧客がついている ● 食材の生産者に人脈があり、産地直送で仕入れることができる	機会（O） ● 健康への関心の高まり ● 消費の二極分化により、良いものには高くてもお金を払う傾向がある ● 近隣には比較的、高所得者が多いと思われる
弱み（W） ● 駅から遠い立地である ● 店舗面積が狭く、客席数が少ない ● 想定する客単価が競合店より高い	脅威（T） ● 個人消費が伸び悩んでいる ● 周辺に価格の安い競合店が存在する ● 毎年、食材、飲料の仕入価格が上昇している

(2) クロスSWOT分析

◆ 4つの要素を組み合わせて考える

　SWOT分析の活用方法として、クロスSWOT分析があります。クロスSWOT分析とは、SWOT分析における「強み」「弱み」「機会」「脅威」の4つの要素を組み合わせて考える分析方法です。

　組合せの中で、最も考えるべきなのが、「強み」と他の要素を組み合わせる方法です。「機会」と結び付けると内部環境と外部環境の良いところ同士となるので、組み合わせることができれば成功の可能性は高まります。また「脅威」と結び付けると、「強み」を活かして差別化を行い、競合他社という「脅威」に対抗するという差別化戦略を策定できます。

【クロスSWOT分析：組合せ】

組合せ	内容	方向性の例
強み×機会	強みを生かし、積極的に機会をとらえる	積極戦略（特徴のある人気商品を、拡大傾向の市場に投入する）
強み×脅威	強みを生かし、脅威を乗り越える	差別化戦略（サービスを差別化し、参入してきた競合に対抗する）
弱み×機会	弱みを克服し、新たな機会をとらえる	弱点克服戦略（サービスを改善し、拡大市場に販促をかけ売上増加を狙う）
弱み×脅威	弱みを克服し、脅威の影響も最小限に抑える	縮小・撤退戦略（サービスを改善、効率化し、市場縮小による影響を最小限に抑えつつ、撤退も検討する）

❸ 事業戦略の立案

①経営課題の抽出

◆**現状分析結果から、解決すべき経営課題を抽出する**

　現状分析の結果をふまえ、具体的に解決すべき経営課題を抽出します。

　経営課題の抽出方法についてもいろいろな切り口がありますが、例えば、販売戦略の検討の際に使われるマーケティングミックスのProduct（製品やサービス）、Price（価格）、Place（流通）、Promotion（販売促進）を切り口としてそれぞれの解決すべき課題と具体的解決策を考える方法も有効です。

②販売戦略

◆**マーケティングミックス（4P）を組み合わせて考える**

　次に、抽出した経営課題についてマーケティングミックスの視点などから、販売戦略を検討します。

　販売戦略とは、「どのような商品やサービスを、どうやって売るか」という計画です。上述のマーケティングミックスを組み合わせて販売のための最適な戦略を検討します。

ア．Product（製品やサービス）

◆**何をどんな組合せで売るか。ラインナップを考える**

　Productについては、ドメインを念頭に置いた上でどんな製品をどのような組合せで売るかを検討します。製品の機能、デザイン、形、大きさといった目に見える要素だけでなく、ネーミングや保証、アフターサービス、サポートについても検討します。また、その商品やサービスを通じて顧客に提供する価値についても考えます。

　商品のラインナップはターゲットとする顧客のニーズに合わせて揃えますが、利益の取れる商品であるかという視点も必要です。また、競合他社と比較した優位性を持てるラインナップになっているか検証する必要があります。

イ．Price（価格）

◆**コスト、需要、競合の状況を考えて最適な価格を設定する**

　Priceについては、売れる価格、すなわち顧客が買いやすい価格を設定したいところですが、適正な利益も必要です。また競合商品の価格も考慮しなければなりません。

　価格の設定方法としては、コストを見積もり必要利益を加えて設定する方法、顧客の商品等に対する需要を考慮して設定する方法、競合商品の価格を意識して設定する方法などがあります。

　一般的には、まず「売れる価格」を重視し、需要や競合商品の価格を考慮する方法により設定します。その後、材料の原価を見積もり、原価率を算出することによって適正な利益を獲得できるかを検証します。

【価格設定方法の例】

コスト志向型価格設定	原価＋利益
需要志向型価格設定	顧客が払うと見込まれる価値が基準
競争志向型価格設定	競合他社の類似製品の価格が基準

ウ．Place（流通）

◆どこでどのように販売するか。最適な流通経路を選択する

　Placeについては、商品・サービスをどのような経路で効果的に届けるかを検討します。店舗やECサイトなどを利用して直接届ける方法だけでなく、代理店や、卸売業者、小売業者を通して販売する方法もあり、コストも考慮しながらより販売力強化につながる方法を選択します。販売促進という観点から考え、消費者にいかに見つけてもらえるかという視点も大切です。

エ．Promotion（広告宣伝・販売促進）

　Promotionについては、広告宣伝や販売促進の方法によって商品価値を消費者に伝え、販売を伸ばす方法を考えます。顧客に伝わりやすい方法を重視しますが、コストも考慮します。

　広告宣伝とは、企業や商品・サービスの認知を高めるためのアプローチで、テレビCMやECサイトを利用したWEB広告などがあります。広い範囲の消費者の目に入りやすいメリットがある反面、コストが多くかかる欠点があります。

　これに対して販売促進とは、より直接的に商品・サービスの購入を促す手法で、ダイレクトメールや販促イベント、キャンペーン、営業員による直接営業などが該当します。広告宣伝に比べ、ターゲットとなる消費者に直接働きかけることができる点や、方法によっては費用を抑えることができるなどのメリットがある反面、限られた範囲にしか伝えられないというデメリットもあります。

　商品・サービスの特性や・価格・流通経路など、４Ｐの他の要素や、自社の財政状況などを考慮し、最適な方法を選択します。

Product （製品やサービス）	どんな製品・サービスを売るか（製品・サービスのラインナップの検討） ●顧客ニーズを満たす最適な組合せ ●競合と比較した、差別化できる組合せ
Price （価格）	いくらで売るか（顧客が買いやすい価格の検討） ●需要志向型価格設定（顧客目線） ●コスト志向型価格設定（自社目線） ●競合志向型価格設定（競合比較）
Place （流通）	どのようにして届けるか（流通エリア、流通経路の検討） ●直接販売（自社店舗、インターネットなどによる販売） ●間接販売（卸売、代理店、小売店などを通して販売）
Promotion （広告・販促等）	どうやって売るか（商品・サービス価値の顧客への伝え方） ●広告宣伝、イベント、ウェブサイトなど、ターゲット顧客に伝わりやすい方法の検討 ●コスト面などを考慮した、効率的な方法の検討

★新事業（商品・サービス）の発想方法
◆**日頃からアイディアを考える習慣をつける。考えすぎずどんどん書き出す**

　事業化できるアイディアは考えてすぐに湧いてくるものではありません。まずは日頃から考える習慣を身に付けることが大切です。あまり難しく考えず、なんとなく思いついたちょっとしたことでもメモを取って、アイディアのネタを増やしておきます。

　隙間時間でよいので定期的に30分から1時間程度の時間を取って、ネタ帳の中から事業化できないか考えます。

◆**事業化が難しそうでもあきらめない。事業化できれば競合優位を獲得できることも**

　アイディアの中から事業化を考える際、無理かなと思っても簡単にあきらめないようにしましょう。実現が難しそうなものにこそ、成功のネ

タが隠れているかもしれないからです。

　例えば、今は当たり前になった宅配サービスですが、1970年代にヤマト運輸が始める前は、民間事業者が個別の家に1個1個モノを運ぶのは非効率で事業化は難しいと考えられていました。それでも「需要者の立場になってものを考える」という創業者の信念のもと、システムを整備し実現できたことが今日の繁栄につながっています。

◆アイディアを考える切り口はさまざま

　新事業（製品・サービス）を考え出す発想方法はさまざまです。ただ漠然と考えるより、例えば、以下の切り口で分析しながらアイディアを考えるのも一つの方法です。

1）自社の現状分析（強み、弱み）から考える方法
◆自身の「強み」を活かすことを考える

　SWOT分析（P30参照）により自身の分析を行い、特に「強み」を活用した事業にすると実現可能性が高まります。例えば、海外在住の経験があり海外の友人を通して、日本では購入できない製品の輸入ルートを持っていることは、実現可能性に寄与する大きな「強み」となるので、それを活かした新事業（製品・サービス）を立案します。

◆経験、人脈などは大きな強み

　新事業の分野は、大きく分けると、過去の経験やそれに基づく人脈やノウハウを生かせる分野と、全く未経験の新分野に分けられます。
　一般的には、新しい事業を考える際には、自身の大きな強みである経験等がある分野から考え始めることが多いと思いますが、例えば趣味などに関連して日頃から興味を持っているものがある場合などには、その知識も強みと言えるため、未経験の分野から創業を検討することもあります。
　通常は、全くの新分野よりも、自身の強みである過去の経験や人脈などを生かした方が成功の可能性が高いため、新しい分野の事業

であっても、少しでも自身の経験や人脈を生かせるようなビジネスモデルにするよう、検討します。

　逆に経験のある分野の事業であっても、あまり過去の経験に囚われて、独自性のない差別化要因の少ない事業になってしまわないように注意します。

	長所	短所
実務経験を生かした新事業	●自身の強みである、人・物・情報等の経営資源を利用できる ●経験に基づき、事業計画の信憑性を高めることができる	●業界の慣行やしがらみ、事業に対する固定観念等に囚われ、自由な発想が阻害され、差別化要因の少ない事業になってしまうことがある
新分野での新事業	●既存の発想や常識に囚われず、独自性の高い斬新なアイディアが生まれる可能性がある	●事業のリスクなどについての想定が難しい ●事業計画の実現可能性についての判断が難しく、資金調達などが困難

2)自社を取り巻く環境（機会、脅威）から考える方法
◆外部環境から、ビジネスチャンスを捉える
　1）と同様、SWOT分析の結果を利用し、ビジネスチャンスにつながる「機会」がないかを検討します。例えば、健康志向が高まっていることを機会ととらえ、糖質の少ない洋菓子を製造するなど健康をキーワードにした製品・サービスを考えます。

◆市場の分析を行う。統計データを利用する
　市場の分析のためにさまざまな情報を集めます。政府や地方自治体などでもさまざまな統計データが発表されていますので、事業計画策定の際に利用します。
　例えば、総務省統計局では「e-Stat」という統計データの検索のためのポータルサイトを公表しています。各省庁が出している700以上の統計データを分野別、組織別、キーワード等により一括して検索

できるようになっています。また同サイト内の「jSTATMAP」では、統計データを地図上で表示し分析ができます。人口の多い場所や出店候補地近辺の競合店の情報も得ることができ、商圏調査に利用できます。

また経済産業省のホームページには、「統計利活用事例集」が掲載されており、事業計画策定への具体的利用の事例も掲載されていますので、参考にするとよいでしょう。

【統計資料の例】

観光業	旅行・観光消費動向調査	観光庁
食品製造業	食品産業動態調査	農林水産省

(総務省統計局ポータルサイトより)

3) 顧客ニーズ（顕在ニーズ、潜在ニーズ）の分析から考える方法
◆**潜在的ニーズは競争優位の源泉になることもある**

顧客ニーズを捉えた製品・サービスは、購買意欲を刺激し、顧客満足度を高めます。事業（製品・サービス）を考える際にはその把握は重要です。

顧客ニーズには顕在的ニーズと潜在的ニーズがあります。顕在的ニ

ーズは顧客がかなえたい欲求や、解決したい課題です。これに対し、潜在的ニーズは、顧客がまだ気付いていない欲求や課題です。

　顕在的ニーズに焦点を当てて製品開発を行えば間違いはないですが、既に周知されているニーズであるため、競合が激しくなります。価格競争にもなりやすく、経営資源の乏しい中小企業にとっては必ずしも得策ではありません。

　これに対し、潜在的ニーズは掘り起こすのは容易ではありませんが、顧客に気付かせることができれば、対応する製品やサービスは出回っていないと考えられるため、他者に対する競合優位性を獲得できることがあり得ます。

　簡単ではありませんが、顧客が商品を見つけてから購入に至るまでの感情や行動を分析する手法（「カスタマージャーニー」と言います）や、アンケート調査やインタビューの質問を工夫して、潜在的ニーズを捉えます。

4　数値計画作成のポイント

①数値計画の概要
◆事業を数値化し、実現可能性を検証する。根拠は具体的に
　経営課題を抽出し、その解決策を基にした販売戦略を策定したら、実行すべきことを念頭に置いた上で数値計画を作成します。その事業によりどのくらいの売上を上げ利益を計上するかという損益計画を策定し、そのために資金がどの程度必要かということを数値計画により検証することは、事業の実現可能性を検討する上で、非常に重要な意味を持つことになります。

　特に計画の出発点である売上計画、損益計画については、曖昧なものではなく、なるべく具体的に根拠を示して、説得力のある計画にすることが大切です。計画書段階で、具体的な根拠に欠けるようでは、金融機関等からの資金調達も容易ではなく、そもそも事業として成り立たないと思われるからです。

◆**数値計画にはいくつかの種類がある**

　開業資金計画、損益計画、設備投資計画、資金計画等、作成すべき数値計画は何種類かありますが、各計画書の数値はすべて相互に結び付いています。

　数値計画の中で基本となるのは損益計画であり、その損益計画を達成するために必要な設備投資額やその調達資金が算出され、資金計画が作成されます。

◆**まず大まかな数値目標を描いて、計画のたたき台を作る**

　数値計画を作成する場合には、計画作成の初期段階においてはあまり細かく考えすぎず、ある程度大まかな目標値としての損益計画を作成します。その後、売上計画に対する根拠付けを行うことにより実現可能性についての検証を行います。

　次に、その売上計画を達成するために必要な設備投資額や運転資金額を算出した後、その資金を調達できるかという観点から実現可能性を検討します。また、開業時の融資金の返済および内部留保等を考慮した目標利益額を算出し、改めて損益計画にも修正を加えるといったように、各計画数値を練り直していきます。

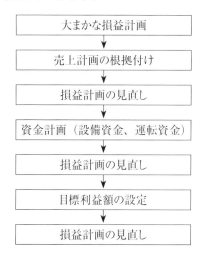

事業計画作成の基本 第2章

◆軌道に乗った後の損益計画を作成する

　中期の数値計画作成の第一段階は、例えば事業が軌道に乗るのが5年後と想定した場合、5年後の軌道に乗った後の単年度の損益計画を検討します。その際には、まず、製品および市場の戦略に基づいて、目標となる売上高を設定します。その後、想定する売上総利益率を基に売上原価を設定し、その売上を上げるのに必要な人件費、一般管理費を見積もります。

　さらに、事業のために必要な設備資金を見積もり、概算の資金計画を作成します。

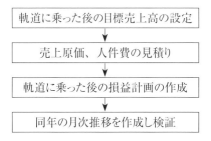

◆目標利益を設定し、損益計画を見直す

　借入金の返済原資は、大まかに言えば、減価償却費控除前の利益額です。したがって、損益計画の中で設定する利益額は、「目標利益額＋借入金元本返済額－減価償却費」（以下「必要利益額」とします）となります。

　利益額は内部留保となり、内部留保が増えれば財務安全性が高まると同時に将来の設備投資や研究開発投資等、会社の成長のための原資となります。目標利益額は将来の経営計画を達成するための目標値として設定します。

　この必要利益額を（1－法人税等の税率）で割り戻した金額に、人件費、一般管理費、支払利息等の固定費を加算した金額を、想定される粗利益率（ 売上高－売上原価等の変動費 ÷売上高とします）で割り戻したものが、設定した必要利益を上げるために必要とされる売上高です。

　もし、当初の損益計画で設定した売上高が計算した必要とされる売上高に満たない時は、売上計画を見直します。

41

必要利益額 ＝ (目標利益額 ＋ 借入金元本返済額 － 減価償却費)

必要とされる売上高 ＝ (固定費 ＋ 必要利益額 ÷ (1 － 法人税等の税率)) ÷ 粗利益率

◆現状からから5年後に至るまでの損益計画を作成する

事業が軌道に乗った後の損益計画を作成したら、今度は、計画初年度から軌道に乗るに至るまでの数値計画を立てます。

こちらも当初はあまり細かい点にはこだわらず、まずは大まかに、毎年成長していくように計画数値を決めていきます。

【中期損益計画　数値例】　　　　　　　　　　　　　（単位：千円）

	第1期	第2期	第3期	第4期	第5期
売上高	25,000	36,000	48,000	60,000	72,000
売上原価	7,500	10,800	14,400	18,000	21,600
売上総利益	17,500	25,200	33,600	42,000	50,400
人件費	6,872	10,800	14,400	18,000	21,600
一般管理費	9,113	12,600	15,600	19,500	21,600
販管費計	15,985	23,400	30,000	37,500	43,200
営業利益	1,515	1,800	3,600	4,500	7,200
営業外収益	225	360	480	600	720
営業外費用	240	460	580	700	820
経常利益	1,500	1,700	3,500	4,400	7,100
特別損益	－	－	－	－	－
税引前当期純利益	1,500	1,700	3,500	4,400	7,100
法人税等	450	510	1,050	1,320	2,130
当期純利益	1,050	1,190	2,450	3,080	4,970

想定原価率30%

税引前当期純利益×30%と仮定

月次損益計画の合計額と一致

◆計画初年度については、年度計画を詳細な月次計画に落とし込む

年度計画を作成したら、その計画数値をもとに、月次計画を作成します。いったん、年度計画の数値を単純に12か月で割った後に、月ごとの増減を検討します。

第2章 事業計画作成の基本

【創業初年度月次損益計画 数値例】

株式会社○○○ 月次損益計画

(単位：千円)

	年間累計	2024年4月	2024年5月	2024年6月	2024年7月	2024年8月	2024年9月	2024年10月	2024年11月	2024年12月	2025年1月	2025年2月	2025年3月
売上高	25,000	0	0	0	2,000	2,000	2,500	2,500	3,000	4,000	3,000	3,000	3,000
売上原価	7,500	0	0	0	600	600	750	750	900	1,200	900	900	900
売上総利益	17,500	0	0	0	1,400	1,400	1,750	1,750	2,100	2,800	2,100	2,100	2,100
役員報酬	3,000	0	0	0	300	300	300	300	300	300	300	300	300
給料・賞与	2,800	0	0	250	250	250	250	250	250	550	250	250	250
法定福利費	872	0	0	83	83	83	83	83	83	125	83	83	83
福利厚生費	200	0	0	20	20	20	20	20	20	20	20	20	20
人件費計	6,872	0	0	653	653	653	653	653	653	653	653	653	653
広告宣伝費	370	0	0	100	30	30	30	30	30	30	30	30	30
発送費	33	0	0	0	2	2	2	3	3	3	3	3	3
水道光熱費	580	10	10	20	60	60	60	60	60	60	60	60	60
消耗品費	830	50	0	500	30	30	30	30	30	30	30	30	30
支払保険料		30	0	0	0	0	0	0	0	0	0	0	0
租税公課		200	0	70	0	0	0	0	0	0	0	0	0
減価償却費		0	0	100	100	100	100	100	100	100	100	100	100
地代家賃	3,600	300	300	300	300	300	300	300	300	300	300	300	300
接待交際費	240	75	15	15	15	15	15	15	15	15	15	15	15
旅費交通費	510	100	30	20	40	40	40	40	40	40	40	40	40
通信費		20	20	20	35	35	35	35	35	35	35	35	35
支払手数料		50	35	35	35	35	35	35	35	35	35	35	35
会議費	200	100	20	20	20	20	20	20	20	20	20	20	20
図書教育費	105	50	5	5	5	5	5	5	5	5	5	5	5
雑費	200	50	10	10	10	10	10	10	10	10	10	10	10
一般管理費計	9,113	1,255	435	1,225	687	687	687	687	687	699	688	688	688
販売費及び一般管理費	15,985	1,255	435	1,878	1,340	1,340	1,340	1,340	1,340	1,694	1,341	1,341	1,341
営業利益	1,515	-1,255	-435	-1,878	60	60	410	410	760	1,106	759	759	759
受取利息・雑収入	225	25	25	25	25	25	25	25	25	25	25	25	25
営業外収入計	225	25	25	25	25	25	25	25	25	25	25	25	25
支払利息	144	15	15	15	15	15	15	14	14	14	14	14	14
雑損失	96	10	10	10	10	10	10	11	11	11	11	11	11
営業外費用計	240	25	25	25	25	25	25	25	25	25	25	25	25
営業外損益	-15	0	0	0	0	0	0	0	0	0	0	0	0
経常損益	1,500	-1,255	-435	-1,893	60	60	410	410	760	1,106	759	759	759
税引前利益	1,500	-1,255	-435	-1,893	60	60	410	410	760	1,106	759	759	759
法人税等	450												450
当期純利益	1,050	-1,255	-435	-1,893	60	60	410	410	760	1,106	759	759	309

【4月1日会社設立、7月1日営業開始と仮定】

【原価率30%と仮定】

【季節変動を考慮】

- 会社設立時登録免許税等
- 会社設立手数料等
- 開業時の備品・消耗品等購入費
- 開業時は多めに計上。会社設立前の準備期間にかかった費用の精算も含む
- 社会保険料。12月は賞与分を考慮
- 12月に賞与を計上
- 中期損益計画の第1期の数値と一致

43

特に計画初年度については、なるべく詳細に月ごとの数値に具体的な根拠付けを行っていきます。その結果、年度の数値が多すぎたり少なすぎたりした場合には、年度計画の数値自体を見直します。
　なお、2年目以降の月次計画は、各年度の開始前までに、各年度の実績と中期計画などを参考にして、予算として作成するようにします。

②売上（販売）計画
◆売上計画は、算式に当てはめて「予想売上高」を設定する
　売上は、事業開始後3期ほど経過し、ある程度の実績を積んでくれば、予測も立てやすくなりますが、事業開始年度の売上計画は、たとえ事業経験があったとしても、立地や経済状況の変化など、環境が変われば、過去の経験通りにはいかないこともあります。
　まずは、概算の目標値として予想される売上高（以下「予想売上高」とします）を設定します。その場合にも、ただ漠然とした数字ではなく、目標値を一定の算式に当てはめて計算しておくことによって、融資の審査などにおいて売上計画の根拠付けとなります。また創業後に売上実績と比較したときに、その差額の原因を分析することによって、翌期以降の事業計画の作成に役立てることができます。

◆売上高は単価と数量で決まる
　売上計画の金額の算出方法はさまざまで、決まった方法はありませんが、基本的には、売上高は商品やサービスの単価に販売数等の数量を乗じて計算します。その際、数量の算出方法は業種によりある程度区分することができます。
　なお、売上高は商品アイテムの数が少ないときはアイテムごとに算出するのが好ましいですが、アイテム数が多いときには、商品カテゴリーごとに算出します。また、部門や営業部員ごとの積上げで予算組みをすることもあります。

事業計画作成の基本 第2章

【売上計画の基本算式】

> 売上高 = 単価 × 数量

◆単価には、商品単価と時間単価などがある

　商品の小売業などのように、商品の1個当たりの単価を基にして計算する場合と、一定のサービス業のように、時間単価を基にして計算する場合もあります。

> 小売業等：単価 = 商品単価
> 一定のサービス業等：単価 = 時間単価

◆売上数量の算出方法はさまざま

　数量の算出方法は業種により異なり、さまざまな方法が考えられます。どの方法もメリット・デメリットがありますが、事業の特性を考え、最も実態を表していると思われる方法にあてはめます。

【売上数量算出方法の例（1月当たり）】

飲食店業	：①数量＝客席数×客席稼働率×客席回転数×営業日数 　②数量＝店前通行量（1日）×来店率×営業日数
小売業	：①数量＝店前通行量（1日）×来店率×来店時1人当たり購入数 　　　　　×営業日数 　②数量＝店員数×店員1人当たりの販売数量（1日）×営業日数 　③数量＝対象市場の人口×購買者層の比率×自社製品等の予測 　　　　　　　　市場占有率×1人当たり予測月間購入数
旅館業	：①数量＝部屋数×部屋稼働率×営業日数
サービス業	：①数量（件）＝サービススタッフの人数×1日当たり件数 　②数量（時間）＝サービススタッフの人数×1日当たり稼働時間

※対象市場の人口等の把握については、統計データを活用します（P37参照）。

◆「予想売上高」計算例1：飲食店は、客席稼働率と客席回転数を考慮して設定する

飲食店については、一般的に平均客単価に、客席数、想定する客席稼働率および客席回転数を乗じて計算します。

客席稼働率は、例えば、4人掛けのテーブルに2人座る場合は50%、3人座る場合は75%、4人座る場合には100%となりますが、店全体の平均として想定される稼働率を設定します。また、客席回転数は、大衆居酒屋や回転寿司のように、比較的客単価が低く、短い時間でお客様が入れ替わるような形態と、高級割烹のように客単価が高く、基本的に1回転しか想定していないような形態等があり、創業者の目指す方向性により変化することになります。

また曜日による繁閑の差に重要性がある場合には、曜日ごとに客席回転数等に差を設けて設定します。

> 月間予想売上高＝平均客単価×客席数×平均客席稼働率×平均客席回転数×営業日数

【計算例】

① 業種：飲食業
② 平均客単価：5,000円
③ 客席数：30席
④ 平均客席稼働率：60%
⑤ 平均客席回転数：1.5回転（月～木：15日とする）
　　　　　　　　　2.0回転（金：5日とする）
　　　　　　　　　1.0回転（土：5日とする）
⑥ 1か月の営業日数：25日

予想売上高＝ 5,000円×30席×60%×1.5回転×15日 ＋
　　　　　　 5,000円×30席×60%×2.0回転×5日 ＋
　　　　　　 5,000円×30席×60%×1.0回転×5日 ＋
　　　　 ＝3,375,000円

◆「予想売上高」計算例２：自社製品等の需要予測の観点から設定する

売上計画について、自社の製品等の特徴から考えて、各製品等がどの市場に対しどのくらいの売上が見込めるかの予測を立てます。

例えば、対象市場の消費者に対し、ターゲットとなる購買者層を特定し、予想売上高の試算をします。

> 月間予想売上高＝製品単価×対象市場の人口×対象市場内の購買者層の比率×自社製品等の予測市場占有率×１人当たり予測月間購入数

【計算例】

> 〈前提〉
> ①業種：食品小売業（洋菓子店）
> ②対象商品および単価：○○クッキー、500円
> ③対象市場：東京都渋谷区、○○駅から○キロ圏内
> ④対象市場の人口：１万人
> ⑤購買者層の予測比率：20％
> ⑥自社製品の予測市場占有率：10％
> ⑦１人当たり予測月刊平均購入数　１個
>
> ○○クッキーの月間予想売上高＝500円×１万人×20％×10％×１個＝10万円

◆「必要売上高」を計算する。損益分岐点売上高を基準に設定

予想売上高を設定する方法は、対象市場において、個々の商品等がどれくらい売れそうかという予測に着目した方法です。これに対して売上目標を立てる上で、もう一つの方法が、必要な固定費から損益分岐点売上高を算出し、それを基準に企業が計上しなければならない売上高（以下、「必要売上高」とします）を算出する方法です。

損益分岐点売上高とは、利益が±０となる売上高のことですが、利益が０のときに、借入金の返済が減価償却費を上回る場合には、資金繰りに行き詰まることになります。また、将来の設備投資の原資を得るためや、財務安全性を高めるためには、利益の内部留保が必要となります。

そのための稼得すべき利益額を加味して算出した売上高が、企業にとっての「必要売上高」です。

【計算方法】

損益分岐点売上高＝固定費÷粗利益率（売上総利益率(注)）
必要売上高＝{(固定費＋必要利益額)÷(1－法人税等の税率)}÷粗利益率
※ 固定費には販売費、一般管理費、支払利息などが含まれます。
また、資金計画でも解説しますが、利益は減価償却費とともに融資資金の返済原資となるため、それらを考慮した必要利益額を設定する必要があります。
※ 正確には販売費、一般管理費に含まれる変動費も考慮した変動費率を用いて計算しますが、計算の簡便化のため粗利益率を用いています。

【計算例】

〈前提（年間）〉
①固定費：人件費1,800万円＋その他の販売費および一般管理費600万円＋支払利息10万円＝2,410万円
②固定費のうち減価償却費：設備投資額500万円÷耐用年数5年＝100万円
③必要利益額：目標内部留保額100万円＋借入金元本返済額120万円－減価償却費100万円＝120万円
④粗利益率：30％
⑤年間必要売上高＝{固定費2,410万円＋必要利益額120万円÷(1－30％)}÷30％＝8,603万円
※法人税等の税率は30％と仮定

◆創業時の売上計画。予想売上高と必要売上高をもとに調整する

創業時には、まず予想売上高を算出する方法を参考に、目標となる売上高を見積もります。その後、損益分岐点計算の方法を基に算出した必要売上高によりその検証を行い、目標売上高の調整を行って売上計画を作成します。

具体的には、まず、目標となる売上高を達成するために必要と思われる設備投資額および人件費、家賃等の必要固定費を算出します。

次に、設備投資のための借入金元本返済額や内部留保の目標額から必要利益額を算出し、見積もった予想粗利益率から必要売上高を算出します。

　その後、必要売上高と当初の販売予測に基づく目標となる予想売上高を比較し、予想売上高に修正を加えるといったように、両方法を組み合わせて、目標となる売上計画を作成します。

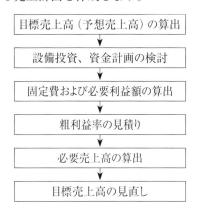

◆身の丈にあった売上計画

　売上計画は、大きな金額にしがちですが、5か年計画のうち、特に設立当初3年ほどは、身の丈にあった、保守的な数値にする必要があります。

　資金計画のところで解説しますが、売上計画は損益計画を通し、資金計画の根拠になるものですので、無理な売上計画を基準にした資金計画では、創業後、破綻の危険性が高くなってしまいます。

　設備投資や人員の確保等は、事業計画段階の売上を基に決定されるため、売上予測と売上実績が乖離してしまった場合には、固定費を賄えなくなってしまうからです。

　また、金融機関等の審査を考えた場合にも、創業計画における創業当初の売上高が大きすぎると根拠付けが難しくなり、かえって評価が低くなることもあります。

　創業当初の売上計画は、無理なく身の丈に合った計画にしましょう。

◆夢は大きく。将来の目標売上は高めに設定する

　売上計画は資金繰りの安全性の観点から、短期的には厳しく保守的に設定すべきですが、長期的な目標を高めに設定することは成長のためには必要なことです。

　例えば、会社の経営会議などにおいて「5年後には売上高10億円を達成する」など、具体的な数値目標を中長期経営計画の中で発表します。それにより、目標に向けて社員が一丸となり、企業の成長につながることもあります。

　売上は企業経営の根幹をなすものですので、短期の売上計画は慎重に、そして、長期的には企業の成長のための目標として大きく設定することも大切です。

③売上原価計画

◆業種や業態により計算方法が異なる

　売上原価計画の考え方は、その事業が、仕入れた商品を性質および形状を変えずにそのまま販売する小売・卸売業である場合と、材料を仕入れ、加工して製造した製品を販売する製造業とでは異なります。

　小売・卸売業では、売上高に、想定する原価率を乗じて売上原価を算出します。

　製造業では、材料費だけでなく、加工に費やした賃金や外注加工費その他の経費を集計して原価計算をすることになり複雑です。

　そこで実際に原価計算を行う際に、簡便な方法で行うか、あるいは大手メーカーのように原価計算システムを構築して計算するかは、その事業における原価計算の重要性と原価計算のためのコストとの兼ね合いで決定します。

　計画書作成の段階では、概算の製品1個あたりの材料費・労務費・経費から想定される原価率を算出し、小売・卸売業と同様に、その原価率を売上に乗じて製品売上原価を算出しておく簡便な方法でもよいでしょう。

◆想定する原価率から、商品ごとの売上原価を算出する

　売上計画により売上の計画数値を算出した後、今度は売上原価を算出します。

　売上原価とは売上に対応する原価のことで、売上計画における売上高に、想定する原価率を乗じて求めますが、原価率は商品ごとに異なります。そこで商品別に計算して合計し、事業計画における売上原価とします。

　この場合の商品別とは商品アイテム別であることが理想ですが、アイテム数が多い場合には商品カテゴリーごとに算出します。

　なお、時間や手間の問題で、商品アイテム別あるいはカテゴリー別の計算が困難な場合には、計画書作成段階では、売上高総額に対し、平均の原価率を乗じて計算することもやむを得ません。しかし原価管理は、利益を稼得していく上でとても重要です。主力の商品アイテムについてだけでも、想定する原価率を個別に検討し、算出するようにしましょう。

> 各商品の売上原価＝各商品の売上高×各商品の原価率

◆売上原価から、仕入および在庫金額の見込みを立てる

　売上原価の計画値を算出したら、今度はその売上原価を仕入額と在庫金額に割り振ります。創業初年度については、売上原価に想定する商品等の在庫金額を加算した金額が、必要な仕入金額となります。

　〈初年度の仕入金額〉
> 仕入金額＝売上原価＋期末在庫金額

　〈2期目以降の仕入金額〉
> 仕入金額＝売上原価－期首在庫金額＋期末在庫金額

◆在庫金額は多すぎず少なすぎず。設定額に注意

　在庫金額は、多すぎると資金繰りを圧迫する要因となります。また、商品が売れ残り、いわゆる不良在庫となった商品の金額が多額になると、程度によっては経営が破綻してしまうリスクさえあります。

　他方で、少なすぎると機会損失が生じ、顧客を失うことにもなりかね

ず、業績に悪影響が生ずることとなります。

したがって、「機会損失がない程度でできる限り少なく」が在庫金額の設定としては理想ですが、簡単ではありません。

計画段階では、経験値、あるいは業界平均の商品回転率などを参考にして設定し、状況により常に見直していくようにしましょう。

> 在庫金額＝売上高（仕入高）÷商品回転率（回）（※）
> （※）商品回転率（回）＝売上高÷平均在庫金額

④損益計画

◆売上を利益に結び付ける

売上および売上原価の計画を立てたら、今度は、販売費および一般管理費を見積もります。特に、人件費は金額的に大きな比重を占めますので、販売計画および仕入計画を達成するために必要な人員を考え、慎重に算出します。

人件費には社会保険料の会社負担分も含まれますが、おおよそ給与額の15％程度を見積もればよいでしょう。人件費のほか、家賃や光熱費、交通費等を大まかに見積もり損益計画を作成します。減価償却費や金利は、設備投資計画および資金計画から算出します。

損益計画の結果、算出された利益額が必要利益額に不足するようであれば、売上を増やす、売上原価率を下げる、設備投資額を減らす、人件費その他の固定費を減らすなどを検討し、数値計画を見直します。

⑤設備投資計画

◆設備投資は必要最小限で

事業を行うのには通常、一定の設備が必要です。業種によって違いはありますが、飲食店であれば店舗や事務所の内装、テーブルや椅子などの備品、厨房設備など、製造業などでは製造のための機械装置、また、運送業であればトラック等、さまざまな設備があります。事業を行うのにはなくてはならないものですが、なるべく必要最小限の設備投資にす

べきです。

　過剰な設備投資を行うと、固定費が増大することにより利益を圧迫し、また融資の返済が資金繰りを圧迫することになるからです。

　したがって、事業に直接的に必要なものにはお金をかけ、事務所の豪華な内装や社用車など、必ずしも必要でないものにはできるだけお金をかけないというメリハリが必要です。

◆大きな設備投資の場合には、必要に応じて回収計算を行う

　設備投資を行う場合の意思決定方法として、回収期間法、投資利益率法、正味現在価値法、内部収益率法などの方法があります。

　いずれも設備投資額と設備投資によってもたらされる利益やキャッシュフローの関係によって判断する方法で、将来の利益やキャッシュフローの見積り数値により影響を受けることとなります。

　事業計画書作成時においては、少なくとも計算の簡単な回収期間法で確認を行うようにしましょう。

　回収期間法では、投資額が設備の導入によりもたらされるキャッシュフローによって何年で回収できるかを計算します。

　回収期間は短ければ短いほどよいですが、少なくとも、見込まれる設備の耐用年数を超えないものである必要があります。

【設備投資案の評価方法】

	計算式	内容
回収期間法	回収期間（年）＝設備投資額÷各期の平均将来キャッシュフロー	回収期間の長短により設備投資案を評価する方法
投資利益率法	投資利益率（％）＝増加利益額÷設備投資額	投資によって得られる利益率によって設備投資案を評価する方法
正味現在価値（NPV）法	正味現在価値＝将来キャッシュフローの現在価値（※）－設備投資額	設備投資によってもたらされるキャッシュフローの現在価値の総額が、設備投資額を上回るか否かにより設備投資案を評価する方法
内部収益率（IRR）法	投資額＝$\dfrac{1年目のCF}{(1+IRR)}+\cdots+\dfrac{n年目のCF}{(1+IRR)^n}$ となる場合のIRR	正味現在価値が0となる割引率であるIRRと資金調達のための資本コストを比較して設備投資案を評価する方法

※設備から生ずる将来受け取る予定のキャッシュフローを、一定の割引率により、現在の価値に換算したもの

⑥資金計画

◆**開業時必要資金を算出する**

　事業を開始するためには、在庫を持つための仕入資金や開業当初、事業が軌道に乗るまでの間の人件費や家賃等を賄うための運転資金、製品を製造するための設備購入のため等の設備資金が必要となります。

　また、新製品開発を行うには、研究開発費、試作開発費、新たな製造設備などが必要となり、新市場開拓の際には、市場調査費、事業所や駐在員事務所の開設費が必要なこともあります。

　これらの資金については、その段階では収益による回収の予測が難しいため、財務安全性の観点から、できるだけ自己資金で賄うに越したことはありません。

しかし、常に豊富な資金を持っている人は稀で、自己資金が確保できるのを待っていたのでは、せっかくのビジネスチャンスを逃してしまうことにもなりかねません。

したがって、設備投資計画、売上計画、仕入および在庫計画、損益計画から必要となる資金を算出し、拠出できる自己資金を考慮した上で、不足する資金を融資等により外部から調達することになります。

◆外部調達額は必要最小限で。小さく始めて大きく育てる

ここで注意したいのは、開業や新規事業にあたっては、資金をかけすぎないようにするということです。

特に新規開業の場合には、理想と夢をもって開業するわけですから、広い店舗を持ち、豪華な内装にし、人員も多く考えがちです。しかし、過剰な開業資金は、開業後の返済負担が大きくなるだけでなく、固定費の増大をもたらし、損益分岐点が引き上げられ、利益を計上するためのハードルが上がってしまうことにつながります。

よく言われることですが、「小さく始めて大きく育てる」という心構えを持ちましょう。

【開業時必要資金額の例】

必要な資金		金額	調達の方法	金額
設備資金	・店舗内装	500万円	自己資金	500万円
	・厨房設備、什器備品	200万円	知人等からの借入	200万円
	・店舗保証金	150万円		
運転資金	・仕入資金	100万円	日本政策金融公庫からの借入	600万円
	・その他経費等運転資金	350万円		
合　計		1,300万円	合　計	1,300万円

⑦資金繰り計画表の作成

◆**資金繰りは企業の命綱**

作成した損益計画と資金計画をもとに、損益計画と同じ年度分の資金繰り計画表を作成します。

損益計画でいくら黒字を見込んでいても、開業資金計画において過大な設備投資資金等を設定した場合の返済負担などにより、資金繰りが行き詰まることもあります。その場合には、再度、損益計画および開業資金計画を見直すことになります。

資金繰り計画表は、損益計画をベースに、借入金の元本返済のように、損益計算には関係しないがキャッシュアウトの生ずる項目を支出として追加し、またそれとは逆に、減価償却費のように、損益計算においては経費として計上されるが、キャッシュアウトの生じない項目を支出から除外する等により作成します。

具体的には通常、経常収支、投資収支、財務収支の区分を設けて作成しますが、損益計画の末尾に減価償却費の加算や借入金元本返済額の減算等のキャッシュフロー上の調整を加えて作成する簡便的な方法もあります。

◆**資金繰りは企業存続のために重要。ただし事業計画では細かいところに懲りすぎない**

損益と資金繰りは、さまざまな要因でずれが生じます。資金不足となる兆候を早めに察知できるよう、月次の資金繰り表を作成し、常に検証する必要があります。ただし、事業計画の段階では、あまり細かいところまでこだわっても意味がありません。

作成に時間をかけ過ぎて貴重な時間を浪費しないよう、損益計画をベースに大きな差異の生ずる項目のみ損益の修正を行って作成する方法でもよいでしょう。

事業計画作成の基本 第2章

【資金繰り計画の例】

一般的な方法

（単位:千円）

			第1期	第2期	第3期	第4期	第5期
		期首現金預金	0	4,550	5,335	7,760	11,020
経常収支	経常収入	売上高	24,250	35,875	47,875	59,750	71,750
		雑収入	225	360	480	600	720
		収入計	24,475	36,235	48,355	60,350	72,470
	経常支出	仕入	8,000	10,900	14,600	18,200	21,800
		人件費	6,872	10,800	14,400	18,000	21,600
		一般管理費	8,113	11,400	14,400	17,700	19,800
		営業外費用	240	460	580	700	820
		税金	−	450	510	1,050	1,320
		支出計	23,225	34,010	44,490	55,650	65,340
		経常収支差額	1,250	2,225	3,865	4,700	7,130
投資収支	収入		−	−	−	−	−
		収入計	−	−	−	−	−
	支出	店舗内装	5,000				3,000
		厨房設備、什器備品	2,000				
		店舗保証金	1,500				
		支出計	8,500	−	−	−	
		投資収支差額	-8,500	0	0	0	−3,000
財務収支	収入	出資金	5,000			0	
		知人等借入	2,000				
		金融機関借入	6,000				
		収入計	13,000	−			
	支出	知人借入元本返済	200	240	240	240	240
		金融機関借入元本返済	1,000	1,200	1,200	1,200	1,200
		支出計	1,200	1,440	1,440	1,440	1,440
		財務収支差額	11,800	−1,440	−1,440	−1,440	−1,440
		総収支差額	4,550	785	2,425	3,260	2,690
		期末現金預金	4,550	5,335	7,760	11,020	13,710

※ 売掛金の増加分を売上高から減算
※ 売上原価に在庫増加分を加算
※ 減価償却費以外の一般管理費
※ 借入金利他
※ 開業資金計画と一致
※ この期に改装工事を行うと仮定
※ 開業資金計画と一致
※ 簡便的な方法と一致

57

簡便的な方法 (単位：千円)

	第1期	第2期	第3期	第4期	第5期
売上高	25,000	36,000	48,000	60,000	72,000
売上原価	7,500	10,800	14,400	18,000	21,600
売上総利益	17,500	25,200	33,600	42,000	50,400
人件費	6,872	10,800	14,400	18,000	21,600
一般管理費	9,113	12,600	15,600	19,500	21,600
（うち減価償却費）	(1,000)	(1,200)	(1,200)	(1,800)	(1,800)
販管費計	15,985	23,400	30,000	37,500	43,200
営業利益	1,515	1,800	3,600	4,500	7,200
営業外収入	225	360	480	600	720
営業外支出	240	460	580	700	820
経常利益	1,500	1,700	3,500	4,400	7,100
特別損益	−	−	−	−	−
税引前当期純利益	1,500	1,700	3,500	4,400	7,100
法人税等	450	510	1,050	1,320	2,130
当期純利益	1,050	1,190	2,450	3,080	4,970

⎬ 損益計画と一致

（資金繰り）

		第1期	第2期	第3期	第4期	第5期
期首現預金		0	4,550	5,335	7,760	11,020
加算	税引前当期純利益	1,500	1,700	3,500	4,400	7,100
	減価償却費	1,000	1,200	1,200	1,800	1,800
	出資金	5,000	−	−	−	−
	借入金	8,000	−	−	−	−
減算	売掛金増加額	750	125	125	250	250
	在庫金額増	500	100	200	200	200
	借入金返済	1,200	1,440	1,440	1,440	1,440
	法人税等	0	450	510	1,050	1,320
	設備投資等	8,500	−	−	−	3,000
期末現預金		4,550	5,335	7,760	11,020	13,710

◁ 資金の流出のない経費（減価償却費）を加算

◁ 売掛金、在庫の増加分を減算（売掛金や在庫などの資産増は、資金繰りにとってはマイナス要因）

◁ 一般的な方法と一致

出資金、借入金、設備投資等は開業資金計画と一致

事業計画作成の基本 第2章

株式会社○○○　第1期月次資金繰り計画表
(単位:千円)

			前月繰越	年間累計	2024年4月	2024年5月	2024年6月	2024年7月	2024年8月	2024年9月	2024年10月	2024年11月	2024年12月	2025年1月	2025年2月	2025年3月
経常収入		売上高	0	24,250	0	745	2,310	1,500	2,000	2,375	2,500	2,875	3,750	3,250	3,000	3,000
		雑収入		225	0	0	0	25	25	25	25	25	25	25	25	25
		収入計		24,475	0	745	2,310	1,525	2,025	2,400	2,525	2,900	3,775	3,275	3,025	3,025
		仕入		8,000	0	0	200	600	600	750	750	1,200	1,200	900	900	900
		人件費(役員)		3,000	0	0	300	300	300	300	300	300	300	300	300	300
		人件費(社員)		2,800	0	0	250	250	250	250	250	250	550	250	250	250
		その他人件費		1,072	0	0	103	103	103	103	103	103	145	103	103	103
		家賃		3,600	300	300	300	300	300	300	300	300	300	300	300	300
		その他一般管理費		4,513	955	135	825	287	287	287	287	287	299	288	288	288
経常支出		その他営業外費用		240	0	0	15	25	25	25	25	25	25	25	25	25
		税金		0	0	0	0	0	0	0	0	0	0	0	0	0
		支出計		23,225	1,255	435	1,993	1,865	1,865	2,015	2,015	2,465	2,819	2,166	2,166	2,166
		経常収支差額		1,250	−1,255	−435	−1,993	−340	160	385	510	435	956	1,109	859	859
投資収支	収入	収入計		0	0	0	0	0	0	0	0	0	0	0	0	0
	支出	店舗内装		5,000	1,500	3,500										
		厨房設備・什器備品		2,000		2,000										
		店舗保証金		1,500	1,500											
		支出計		8,500	3,000	5,500	0	0	0	0	0	0	0	0	0	0
		投資収支差額		−8,500	−3,000	−5,500	0	0	0	0	0	0	0	0	0	0
財務収支	収入	出資金(自己資金)		5,000	5,000											
		知人借入れ		2,000	2,000											
		金融機関借入れ		6,000		6,000										
		収入計		13,000	5,000	6,000	0	0	0	0	0	0	0	0	0	0
	支出	知人借入元本返済		200			20	20	20	20	20	20	20	20	20	20
		金融機関借入元本返済		1,000			100	100	100	100	100	100	100	100	100	100
				1,200			120	120	120	120	120	120	120	120	120	120
		支出計		11,800	5,000	6,000	−120	−120	−120	−120	−120	−120	−120	−120	−120	−120
		財務収支差額		4,550	1,565	−1,613	697	277	40	265	390	315	836	989	739	739
		総収支差額		4,550	2,310	697	237	277	542	932	1,247	2,083	3,072	3,811	4,550	
		現金		100	100	100	100	100	100	100	100	100	100	100	100	
		○○銀行		645	2,210	597	137	177	412	832	1,147	1,983	2,972	3,711	4,450	
		合計		745	2,310	697	237	277	542	932	1,247	2,083	3,072	3,811	4,550	

注記:
- 50%が現金売上。50%がカード等売掛金でその半分が翌月入金と仮定
- 現金仕入と仮定
- 在庫分
- 在庫増加分も含めて計上
- 賞与支払
- 開業資金計画と一致。残金は完成引渡後に支払いと仮定(営業開始日の1か月前までに完成引渡予定)
- 現金支払いと仮定
- 開業資金計画と一致。内装工事等の残金支払前までに融資実行

⑧予測貸借対照表の作成

◆作成するのが理想。1年後、2年後等の財産状態を予測し検証する

　事業計画策定時の貸借対照表をもとに損益計画および資金繰り計画を加味して、毎年度の予測貸借対照表を作成します。1年後あるいは2年後等の貸借対照表を作成することにより、その時点での財務安全性の検証を行うことができるため、事業計画の健全性についての判定を行うことができます。

　予測貸借対照表は、計画の検証のため、作成するのが理想ですが、作成するにはある程度の簿記や会計の基本知識が必要となります。

　作成が難しい場合には、顧問税理士などの専門家に相談するようにしましょう。

◆財務分析を行う

　予測貸借対照表を作成した場合の検証の方法は、財務分析の方法等を利用して行いますが、分析した結果、財務安全性に問題が生ずる可能性がある場合には、資金計画や損益計画に遡って計画を見直します。

　財務分析は、財務諸表の収益性、安全性、生産性等の判定を行うのに有効です。また、金融機関等の融資審査等、外部の利害関係者が財務諸表の分析を行う際にも利用しますので、主な指標については、覚えておきましょう。

【設立1期目の予測貸借対照表の例】

予測貸借対照表
令和○年3月31日

(単位:千円)

- 1期目は資金繰り計画表の売掛金増加額と一致※
- 資金繰り計画表の翌期繰越と一致
- 開業資金計画の借入金から資金繰り計画の返済額を控除

科目	金額	科目	金額
資産の部		負債の部	
流動資産	(5,800)	流動負債	(450)
現金及び預金	4,550	未払法人税	450
売掛金	750		
棚卸資産	500		
固定資産	(7,500)	固定負債	(6,800)
有形固定資産	(6,000)	長期借入金	6,800
造作	5,000	負債の部　合計	7,250
器具備品	2,000	純資産の部	
減価償却累計額	△1,000	資本金	5,000
無形固定資産	(1,500)	利益剰余金	1,050
敷金	1,500	純資産の部　合計	6,050
資産の部　合計	13,300	負債の部・純資産の部　合計	13,300

- 固定資産:資金計画と一致
- 1期目は資金繰り計画表の棚卸資産増加額と一致※
- 1期目は損益計画の減価償却費と一致
- 1期目は損益計画の当期純利益と一致

※2期目以降……期首残高+当期増減額

【主な財務分析指標】

	指標名	計算式	内容
収益性	総資本経常利益率（％）	経常利益÷総資本×100	会社全体の収益性の総合的指標。投下された資本の利益稼得への貢献度を表す
	売上総（営業・経常・純）利益率（％）	売上総（営業・経常・当期純）利益÷売上高×100	各段階での利益率を表す
	総資産回転率（回）	売上高÷総資産	投下された資産の運用効率の状況を表す
	損益分岐点売上高（円）	固定費÷（1－変動費率）	利益も損失も発生しない売上高を表す
安全性	自己資本比率（％）	自己資本÷総資産×100	総資産に対する自己資本の比率で、長期的な安全性を表す
	流動比率（％）	流動資産÷流動負債×100	1年以内に支払期限の到来する債務が1年以内に現金化される資産で賄われているかをみることにより、短期的な支払能力を表す指標
	当座比率（％）	当座資産÷流動負債×100	流動資産の中でも換金性の高い現預金、売掛金等の当座資産を流動負債と比較することにより、短期的な支払能力を表す指標
	固定比率（％）	固定資産÷自己資本×100	固定資産に投下された資金が返済の必要のない自己資本により賄われているかを表す指標
	固定長期適合率（％）	固定資産÷（自己資本＋固定負債）×100	固定資産に投下された資金が、自己資本と固定負債の長期資金でどれだけ賄われているかを表す指標
生産性	労働生産性（円）	付加価値額※÷従業員数	従業員1人当たりの付加価値額への貢献度を表す指標
	資本生産性（％）	付加価値額÷総資本×100	総資本の投資効率を表す指標
	労働分配率（％）	人件費÷付加価値額×100	付加価値額に対する人件費の割合を表す指標
	資本分配率（％）	純利益÷付加価値額×100	付加価値に占める純利益の割合を表す指標

※付加価値とは、企業が外部から購入した原材料等を使って新たに生み出した価値のことで、概ね次の算式で表される。

付加価値 ＝ 税引後純利益 ＋ 人件費 ＋ 賃借料 ＋ 金融費用 ＋ 租税公課 ＋ 減価償却費

⑨資本計画
◆創業者の支配権維持と資金調達のバランスを念頭に計画する

　資本計画とは、資金調達を行いながら議決権比率の最適化を図ることなどを目的として、株式数、資本金額などを増加させていく計画のことです。

　特に比較的規模の大きな事業や上場を目指す場合などには、従業員、取引先のほか、銀行、ベンチャーキャピタル、一般投資家などの出資者を募ることになりますが、議決権比率には注意が必要です。創業の後しばらくは経営者の強烈なリーダーシップが不可欠ですが、経営者の議決権比率が低下してしまうと機動的な経営に影響を及ぼすことがあるからです。ある程度の期間までは創業者の議決権割合について過半数を維持し、経営をコントロールする必要があります。

　また創業者の支配権維持のために、種類株式（※１）やストックオプション（※２）を使うこともあり、これらを含めて計画します。

※１　種類株式
　株式会社が内容の異なる２種類以上の株式を発行した場合の当該株式のことを言います。具体的には配当優先株式、議決権制限株式、譲渡制限株式などがあります。
　例えば議決権のすべてを制限（いわゆる無議決権株式）する代わりに剰余金の配当を優先的に受けられる株式を発行することにより、創業者の議決権比率を引き下げることなく、配当等の運用益を目的とした投資家からの出資を受け入れることができる場合があります。

※２　ストックオプション
　会社が役員や従業員などに対し、あらかじめ決められた時期に決められた価格（行使価格）により、自社の株式を購入できる権利を付与する制度です。付与された役員等は権利行使時の株価が定められた行使価格よりも高額であれば、その差額の利益を得ることができるため、役員等に対するインセンティブになります。
　主に役員や社員のモチベーション向上や人材確保のために採用されますが、権利行使により株式を取得して議決権割合を上げることができるため、潜在的な株式として創業者の支配権維持のために資本政策に組み込まれることもあります。

【資本政策の記載例】

株式会社○○○○　資本政策

2025/10月 現在

株主	顕在株合計	顕在株シェア	潜在株合計	合計	シェア	割当分	顕在株合計
社長	800	80.0%	0	800	80.0%	800	1600
社長親族	100	10.0%	0	100	10.0%	100	200
小　計	900	90.0%	0	900	90.0%	900	1800
取締役	0	0.0%	0	0	0.0%	50	50
取締役	0	0.0%	0	0	0.0%	50	50
従業員持株会	0	0.0%	0	0	0.0%	0	0
創業メンバー	100	10.0%	0	100	10.0%	100	200
友人	0	0.0%	0	0	0.0%	50	50
小　計	100	10.0%	0	100	10.0%	250	350
事業パートナーA(得意先)	0	0.0%	0	0	0.0%	50	50
事業パートナーB	0	0.0%	0	0	0.0%	0	0
事業パートナーC	0	0.0%	0	0	0.0%	0	0
ベンチャーキャピタルA	0	0.0%	0	0	0.0%	0	0
ベンチャーキャピタルB	0	0.0%	0	0	0.0%	0	0
ベンチャーキャピタルC	0	0.0%	0	0	0.0%	0	0
ベンチャーキャピタルD	0	0.0%	0	0	0.0%	0	0
一般株主	0	0.0%	0	0	0.0%	0	0
合　計	1000	100.0%	0	1000	100.0%	1200	2200
株価				¥10,000			
発行総額				10,000	千円		
資本金				10,000	千円		
資本準備金				0	千円		
調達金額					千円		
同累計				10,000	千円		
備考							

> まず、役員、従業員等の身内に額面で割り当て

事業計画作成の基本 第2章

2025/11月 第1回 第三者割当増資					2025/12月 第1回新株予約権発行				
顕在株シェア	潜在株合計	合計	シェア	割当分	顕在株合計	顕在株シェア	潜在株合計	合計	シェア
72.7%	0	1600	72.7%	0	1600	72.7%	600	2200	78.6%
9.1%	0	200	9.1%	0	200	9.1%	0	200	7.1%
81.8%	0	1800	81.8%	0	1800	81.8%	600	2400	85.7%
2.3%	0	50	2.3%	0	50	2.3%	0	50	1.8%
2.3%	0	50	2.3%	0	50	2.3%	0	50	1.8%
0.0%	0	0	0.0%	0	0	0.0%	0	0	0.0%
9.1%	0	200	9.1%	0	200	9.1%	0	200	7.1%
2.3%	0	50	2.3%	0	50	2.3%	0	50	1.8%
15.9%	0	350	15.9%	0	350	15.9%	0	350	12.5%
2.3%	0	50	2.3%	0	50	2.3%	0	50	1.8%
0.0%	0	0	0.0%	0	0	0.0%	0	0	0.0%
0.0%	0	0	0.0%	0	0	0.0%	0	0	0.0%
0.0%	0	0	0.0%	0	0	0.0%	0	0	0.0%
0.0%	0	0	0.0%	0	0	0.0%	0	0	0.0%
0.0%	0	0	0.0%	0	0	0.0%	0	0	0.0%
0.0%	0	0	0.0%	0	0	0.0%	0	0	0.0%
0.0%	0	0	0.0%	0	0	0.0%	0	0	0.0%
100.0%	0	2200	100.0%	0	2200	100.0%	600	2800	100.0%

¥10,000		¥10,000	
12,000	千円	0	千円
16,000	千円	16,000	千円
6,000	千円	6,000	千円
12,000	千円	12,000	千円
22,000	千円	22,000	千円

> 資本政策上、ストックオプション分は潜在的な株式として考慮

> 発行総額12,000千円を資本金と資本準備金に2分の1ずつ配分。その結果、資本金16,000千円、資本準備金は6,000千円となる

65

株主	2026/3月 第2回 第三者割当増資								
	割当分	顕在株合計	顕在株シェア	潜在株合計	合計	シェア	割当分	顕在株合計
社長	0	1600	69.6%	600	2200	75.9%	0	1600
社長親族	0	200	8.7%	0	200	6.9%	0	200
小　計	0	1800	78.3%	600	2400	82.8%	0	1800
取締役	0	50	2.2%	0	50	1.7%	0	50
取締役	0	50	2.2%	0	50	1.7%	0	50
従業員持株会	0	0	0.0%	0	0	0.0%	0	0
創業メンバー	0	200	8.7%	0	200	6.9%	0	200
友人	0	50	2.2%	0	50	1.7%	0	50
小　計	0	350	15.2%	0	350	12.1%	0	350
事業パートナー A(得意先)	0	50	2.2%	0	50	1.7%	0	50
事業パートナー B	100	100	4.3%	0	100	3.4%	0	100
事業パートナー C	0	0	0.0%	0	0	0.0%	0	0
ベンチャーキャピタル A	0	0	0.0%	0	0	0.0%	200	200
ベンチャーキャピタル B	0	0	0.0%	0	0	0.0%	200	200
ベンチャーキャピタル C	0	0	0.0%	0	0	0.0%	0	0
ベンチャーキャピタル D	0	0	0.0%	0	0	0.0%	0	0
一般株主	0	0	0.0%	0	0	0.0%	0	0
合　計	100	2300	100.0%	600	2900	100.0%	400	2700

株価	¥50,000	
発行総額	5,000	千円
資本金	18,500	千円
資本準備金	8,500	千円
調達金額	5,000	千円
同累計	27,000	千円
備考		

（発行総額5,000千円を2分の1ずつ配分）

（資金調達目的で、ベンチャーキャピタルから出資受け入れ）

事業計画作成の基本 第2章

2026/11月 第3回 第三者割当増資					2027/2月 第4回 第三者割当増資				
顕在株シェア	潜在株合計	合計	シェア	割当分	顕在株合計	顕在株シェア	潜在株合計	合計	シェア
59.3%	600	2,200	66.7%	0	1,600	53.3%	600	2,200	61.1%
7.4%	0	200	6.1%	0	200	6.7%	0	200	5.6%
66.7%	600	2,400	72.7%	0	1,800	60.0%	600	2,400	66.7%
1.9%	0	50	1.5%	0	50	1.7%	0	50	1.4%
1.9%	0	50	1.5%	0	50	1.7%	0	50	1.4%
0.0%	0	0	0.0%	0	0	0.0%	0	0	0.0%
7.4%	0	200	6.1%	0	200	6.7%	0	200	5.6%
1.9%	0	50	1.5%	0	50	1.7%	0	50	1.4%
13.0%	0	350	10.6%	0	350	11.7%	0	350	9.7%
1.9%	0	50	1.5%	0	50	1.7%	0	50	1.4%
3.7%	0	100	3.0%	0	100	3.3%	0	100	2.8%
0.0%	0	0	0.0%	0	0	0.0%	0	0	0.0%
7.4%	0	200	6.1%	0	200	6.7%	0	200	5.6%
7.4%	0	200	6.1%	0	200	6.7%	0	200	5.6%
0.0%	0	0	0.0%	150	150	5.0%	0	150	4.2%
0.0%	0	0	0.0%	150	150	5.0%	0	150	4.2%
0.0%	0	0	0.0%	0	0	0.0%	0	0	0.0%
100.0%	600	3,300	100.0%	300	3,000	100.0%	600	3,600	100.0%
		¥100,000						¥120,000	
		40,000	千円					36,000	千円
		38,500	千円					56,500	千円
		28,500	千円					46,500	千円
		40,000	千円					36,000	千円
		67,000	千円					103,000	千円

潜在株込で3分の2以上（特別決議の要件）確保。支配権維持

発行価額1株当たり10万円

発行総額4,000千円を2分の1ずつ配分

5 実行計画（組織・人員計画、実行スケジュール）

◆絵に描いた餅にしない。事業計画の見直しが必要な場合もある

　事業計画は実行して初めてその効果が表れます。よって計画段階で実行のための行動計画を立てることが重要です。その段階で、事業計画作成時における自社の経営資源（「ヒト」「カネ」「モノ」「情報」）の見積りの甘さなどから、実行計画を立てるのが難しいようであれば、再度事業計画自体を見直す必要が出てきます。

　実行計画まで検討し事業計画の見直しを繰り返すことにより、計画の実現可能性を高めていきます。

①組織・人員計画
◆具体的な役割分担を決める。行動計画の第一歩

　事業計画を実行するのは人です。重要な経営資源である「ヒト」について自社の現状を分析した上で、現状の人員でできるのか、あるいは新たに採用する必要があるのかを判断します。ただし、重要な役割を担う予定の人材を新たに採用する計画を立てる場合には、その段階で人材確保の目途が立ってないと難しいため、基本的には現状の人員の中から選任することが多くなります。

◆組織形態を決める。組織図で整理。最初は機能別、規模が大きくなってきたら事業部制を検討

　組織形態には機能別組織と事業部制組織があります。機能別組織とは、製造、営業、総務等の機能別に部門を分けた組織で、事業部制組織は、製品ごと、地域ごと等に部門を設ける組織形態です。

　創業当初の少人数のうちは、機能別組織の方が、経営トップの意思決定が伝わりやすく組織全体の一体性が出るためよいとされています。ただし、機能別組織では経営者に判断業務が集中するため、徐々に組織が大きくなってきた場合には、迅速な意思決定が困難となることがあります。企業の成長とあわせて事業部制への移行を検討した方がよい場合もあります。

〈機能別組織の例〉

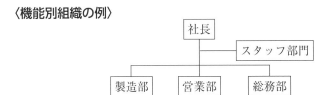

〈事業部制組織の例〉

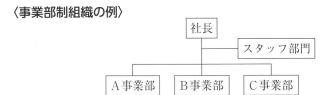

※それぞれの事業部内に製造、営業、総務等の担当がいる形態

【組織形態ごとのメリット・デメリット】

組織	メリット	デメリット
機能別組織	●シンプルな組織形態のため組織をコントロールしやすい ●同じ職種の人員が集まるため、専門的なスキルやノウハウが蓄積しやすい ●事業部制に比べ職務の重複が少なく、コスト面で効率的である	●人員に会社全体の情報が伝わりづらく、モチベーションが上がらない ●経営者が自ら判断する場面が多く、負担が大きい
事業部制組織	●事業部ごとに迅速な意思決定ができる ●事業部ごとの業績が明確となり、社員のモチベーションを保ちやすい ●各事業部の長が判断することが多いため、経営者の負担を削減できる	●各事業部の中に総務部等の管理部門の機能も設けるため、職務の重複によるコスト負担がある

◆時間管理が重要。無理が来ないように

担当スタッフが現状の業務で手一杯の場合には、新規事業展開のような事業計画を作成しても事業計画の実行にかける時間は取れないため、新規採用あるいは他の業務の時間調整が必要となります。

時間調整を行うためには日頃からの時間管理と分析が重要になります。過重労働になってしまえば実行は難しくなるため、想定される人員に対して無理な計画となっていないか見直します。

◆計画を組織全体で共有する。事業計画作成に参加させる

役割分担を決める際には、各担当者の現状を把握するため協議を行う必要があります。それにより、組織内で事業計画が共有され、実行の機運を高めることができます。事業計画の実行は人が行うものですので、なるべく組織の多くのスタッフを計画段階から参加させ、自らの計画として認識してもらうことが実行のカギと言えるでしょう。

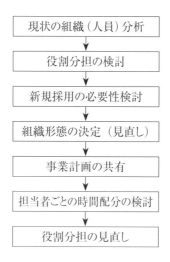

②実行スケジュール

◆期限を決める。目標達成予定日を決めるのが大事。組織全体で共有する

すべての仕事について言えることですが、期限を決めることは重要で

事業計画作成の基本 第2章

す。創業計画であれば、まず目標となる開業予定日を決め、その後も「〇年〇月までに〇〇〇万円の売上を達成する」など期限を決めた売上目標を立てます。

新製品を開発して新事業に参入する場合などには、開発完了予定日および開発した製品についての売上目標の達成予定日などを決めます。

その上で、日程を逆算して実行スケジュールを決めていきます。

数値計画と連動した目標を実行計画においても強調し、組織全体で共有します。

事業計画と補助金 〜どっちが先？ Column

「なんかもらえるものないの?」補助金などについて、よく聞く言葉です。

補助金を前提にした事業ももちろん否定はしませんが、補助金をもらえるから事業をやるというのも本末転倒な気がします。この発想だとなかなか補助金をもらえるほどの有望な事業を計画することは難しく、採択されずに頓挫することも多いと思います。皆さんから集めた税金を使うわけですから、説得力のある事業計画が求められ、審査が厳しくなるのは当たり前ですよね。

事業計画に説得力を持たせるためにも、まずやりたい事業があり、そのための事業計画を作成し、結果としてそれに当てはまる補助金があれば資金調達の手段として考えるというのが自然な流れではないでしょうか。

補助金には例えば、ものづくりを支援する「モノづくり補助金」、IT導入を支援する「IT導入補助金」、事業承継の際の「事業承継補助金」などさまざまなものがあります。

補助金を得るには制約も存在しますが、融資と違って返さなくてよいため、当てはまるものがあれば、有効な資金調達の手段となります。事業計画を策定する際にも、対象となる補助金がないか、よく確認するようにしましょう。

やりたい事業があっての補助金です。

いろいろな考え方はあると思いますが、「補助金をもらうために事業を作り出す」といった発想にはならないようにしたいものだと思います。

【創業スケジュールの例】

業務名 \ 開業までの月数	10	9	8	7	6	5	4	3	2	1
事業概要の検討	←	―	―	→						
創業計画・開業資金計画			←	―	―	→				
店舗・事務所等（物件探し〜契約）			←	―	―	―	→			
内装工事（計画〜設計〜施工〜引渡し）								←	→	
事業詳細計画（製品・サービス、仕入業者他）					←	―	―	→		
法人設立手続（内容決定〜設立登記）						←	→			
各種届出（税務署、社会保険、保健所、消防署等）								←	→	
融資（相談〜申込〜契約）							←	―	→	
プロモーション準備（計画〜媒体決定〜印刷物等作成）							←	―	→	
備品等購入（計画➡購入）									←	→
人材採用（計画〜媒体決定〜募集〜採用決定）							←	―	→	
プロモーション開始（媒体掲載、チラシ配布等開始）										←→
スタッフ入社（研修、トレーニング実施）										←→

③事業計画の検証および見直し

◆**定期的に実現度合いについて検証する。未達の場合、原因を分析し計画の見直しをする**

　入念に事業計画を立てても、その通りになるとは限りません。むしろ通常は計画通りに進まないことの方が多いと考えられるため、定期的な検証および見直しが必要となります。

　実行していく中で、計画段階で気が付かない問題点が浮き彫りになってくることもありますが、その場合には原因を分析し見直します。

　このように計画→実行→評価→改善のサイクルを繰り返すいわゆるPDCAサイクルの方法により、事業計画を見直していきます。

〈PDCAサイクル〉

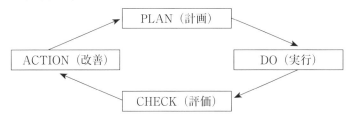

◆**数値計画も実績を基に修正。予算実績対比を行う**

　事業計画における数値計画を予算として会計システムに取り込み、予算と実績の比較を行います。特に売上高については入念に分析を行います。予算をアイテム別で作成した場合にはアイテム別、カテゴリー別で作成した場合にはカテゴリー別に行います。予算実績の比較を行った後、増減の原因を探し、改善策を検討します。その結果を踏まえて翌期の予算計画を見直します。

◆**科目ごとに差額の原因を分析**

　売上高、仕入高などの科目ごとの差異について検証し、予算未達の場合には原因を分析することによって今後の改善につなげます。部門ごとあるいは製品ごとなど、細かくセグメンテーションを行えばより有用な

情報が得られますが、手間との兼ね合いで検討します。

差異についての個別的な対応策としては、例えば売上が足りない場合には、計画作成時と同様、マーケティングミックス（製品、価格、流通、プロモーション）などの観点から分析を行い、販売戦略の見直しを行うなどにより売上増加策を検討します（P32参照）。

事業計画と社会保険
～影響は意外に大きい

会社を作った場合、社会保険加入は必須（※）です。社会保険には健康保険、介護保険、厚生年金保険、労災保険、雇用保険がありますが、定義は概ね以下の通りです。

（※個人事業については一部適用除外の規定があります。）

健康保険…病気やけが、出産、死亡に対して保険給付を行う保障制度
介護保険…介護が必要となり、要介護状態または要支援状態になったときに必要な保険給付を行う制度
厚生年金保険…老後の生活や障害、死亡に対し、老齢厚生年金、障害厚生年金、遺族厚生年金等を支給する保障制度
労災保険…労働者の業務上の事由などによる負傷、病気、死亡などの場合に必要な保険給付を行う制度
雇用保険…労働者が失業した場合や雇用の継続が困難になった場合等に必要な給付を行う制度

社会保険料は本人負担分と会社負担分に分かれます。

事業計画策定にあたっては、本人負担分は給料に含まれますが、会社負担分は別途計上が必要なため注意が必要です。保険料も年々増加傾向にあり、事業計画に与える影響は大きくなる一方です。会社負担分の金額は、概ね給与額の15％程度見込んでおけばよいでしょう。

以前は経営上の理由で加入していない会社も多く見受けられましたが、違法状態であり、また人材確保の難しい昨今、社会保険加入は必須です。

あとで事業計画にずれが生じないよう、数値計画においても「法定福利費」等の科目で、必ず織り込むようにしましょう。

【予算実績対比の例】

	予算	売上比	実績	売上比	差額	達成率	
商品売上高	72,000	75%	63,585	72%	-8,415	88%	※1
役務収益	24,000	25%	25,200	28%	1,200	105%	
売上高合計	96,000	100%	88,785	100%	-7,215	92%	※2
期首棚卸高	5,000	5%	5,000	6%	0	100%	
商品仕入高	26,000	27%	25,550	29%	-450	98%	
期末棚卸高	9,400	10%	11,358	13%	1,958	121%	※3
売上原価	21,600	23%	19,192	22%	-2,408	89%	※4
売上総利益	74,400	78%	69,593	78%	-4,807	94%	
役員報酬	8,400	9%	8,400	9%	0	100%	
給料・賞与	20,000	21%	22,360	25%	2,360	112%	※5
法定福利費	4,200	4%	4,280	5%	80	102%	
福利厚生費	1,800	2%	1,560	2%	-240	87%	
人件費計	34,400	36%	36,600	41%	2,200	106%	
広告宣伝費	3,000	3%	2,860	3%	-140	95%	
発送費	3,600	4%	3,356	4%	-244	93%	
水道光熱費	1,200	1%	1,387	2%	187	116%	※6
消耗品費	2,000	2%	1,686	2%	-314	84%	
支払保険料	500	1%	240	0%	-260	48%	
租税公課	500	1%	378	0%	-122	76%	
減価償却費	6,000	6%	6,235	7%	235	104%	
地代家賃	4,800	5%	4,800	5%	0	100%	
接待交際費	1,200	1%	987	1%	-213	82%	
旅費交通費	1,800	2%	1,676	2%	-124	93%	
通信費	2,400	3%	2,728	3%	328	114%	※7
支払手数料	2,400	3%	1,866	2%	-534	78%	
会議費	960	1%	784	1%	-176	82%	
図書教育費	1,200	1%	1,365	2%	165	114%	※8
雑費	600	1%	357	0%	-243	60%	
一般管理費計	32,160	34%	30,705	35%	-1,455	95%	
販売費及び一般管理費	66,560	69%	67,305	76%	745	101%	※9
営業利益	7,840	8%	2,288	3%	-5,552	29%	
受取利息	120	0%	112	0%	-8	93%	
雑収入	300	0%	253	0%	-47	84%	
営業外収益計	420	1%	365	1%	-55	87%	
支払利息	360	0%	387	0%	27	108%	
雑損失	300	0%	253	0%	-47	84%	
営業外費用計	660	1%	640	1%	-20	97%	
営業外損益	-240	0%	-275	0%	-35	115%	
経常損益	7,600	8%	2,013	2%	-5,587	26%	
税引前利益	7,600	8%	2,013	2%	-5,587	26%	
法人税等	2,280	2%	604	1%	-1,676	26%	
当期純利益	5,320	6%	1,409	2%	-3,911	26%	※10

〈差異分析の例〉

◆利益額の予算と実績とのギャップの原因を、科目に落とし込んで分析。対策を検討する

|当期純利益のギャップの要因を検討|

　達成率が予算の26%程度で、金額ベースでも390万円ほど下回っています。(※10)

　(原因)

　原価率、販売費一般管理費等のコストは予算とあまり変わらないのに対し、商品売上高が予想を下回っており、ギャップの要因となっています。(※2、4、9)

　　　　↓

|商品売上高のギャップの要因を検討|

　予算の算定における商品ごとの単価×販売数量と実績を比較し、今後の販促方法などの検討を行います。(※1)

　　　　↓

|売上原価項目のギャップの要因を検討|

　販売の予算未達成の影響で、在庫金額が20%以上予算を上回っています。在庫増は資金繰りを圧迫するので、早期に通常に戻せるよう対策を検討します。(※3)

　　　　↓

|人件費項目のギャップの要因を検討|

　給料・賞与が予算を12%ほど上回っているため、原因を検証し対策を検討します(時間管理の見直しなどによる残業代の削減など)。(※5)

　　　　↓

|一般管理費項目のギャップの要因を検討|

　全体では予算を上回ってはいませんが利益率向上のために、例えば予算を10%以上回っている下記の項目について原因と対策を検討します。

　　　水道光熱費(16%増)　　　(※6)
　　　通信費(14%増)　　　　　(※7)
　　　図書教育費(14%増)　　　(※8)

◆予算実績対比をもとに、数値計画の見直しを行う

　予算対実績の差異について原因を分析した後、翌期の予算を見直します。特に売上予算については、各部門ごと、営業部員ごとなどの単位で積上げ方式で算出した売上予算額が、もともとの事業計画の数値に近づくよう調整し、難しいようであれば事業計画の数値自体を見直します。その上で、売上原価計画やその他の経費の支出計画と合わせ黒字となるように予算を練り直していきます。

　なお、研究開発期間などにおける計画的な赤字の場合は別として、予算の段階で当期純利益が事業計画において必要とされた黒字額を下回らないように策定します。各部門等で積み上げた売上額では黒字とならないことが判明した場合には、黒字になるまで売上予算あるいは売上原価やその他の経費の予算を見直します。

　毎期、実績額と上記の手続きにより策定した翌期の予算額をベースにして、事業計画における将来の数値計画の見直しも行っていきます。

事業計画と税金
〜これだけは知っておこう

Column

◆事業計画にも影響大。計上しないと判断を誤ることも

　会社が利益を上げると、利益に対して税金がかかります。法人税の実効税率は約30％ですので、獲得した利益の3割くらいは税金で消えることになります。事業計画においても損益や資金繰りへの影響が大きく、考慮しないと経営判断を誤ってしまうことにもなりかねません。事業計画とは切っても切り離せないものになっていますので、最低限のことは覚えておきましょう。

◆法人税は利益の30％と仮定。赤字は繰越しができる

　会計上の利益と税金計算上の所得はさまざまな原因でずれが生じますが、事業計画書の作成段階では、あまり細かい計算まで考える必要はありません。通常は、法人税等（法人税、地方法人税、法人事業税、法人住民税）は税引前利益の30％を控除する形式で記載すれば十分です。

　また、先行投資が多い場合や経営改善計画、再生計画などの場合には、計画の初期段階では赤字を計上することもあります。その場合には

法人住民税均等割り※のみの負担になりますが、赤字金額は翌年以降に繰り越すことができます。そこで赤字の翌年の法人税等については、税引前利益から前年の赤字を差し引いた額に30%を乗じて計算します。

※利益の額にかかわらず課税される地方税。従業員数が50人以下の企業、資本金等の額1,000万円以下の場合には都道府県民税と市町村民税を合わせて年7万円、1億円超の場合には年18万円など、従業員数や資本金等の額、事業所数によって税額が定められています。また自治体によっても多少負担額は異なります。

◆消費税は税抜きか税込みかに注意する。計画と実績を対比する際に影響する

数値計画を策定する際、消費税を税込みにするか税抜きにするかは、会社の選択している経理処理方法に合わせます。税抜経理が普通かとは思いますが、小規模な会社の場合、税込経理を採用している場合もあり注意が必要です。例えば売上高が消費税抜きで5,000万円の場合、会計処理において税込経理を採用していたとすると会計上の実績の売上高は5,500万円となります。それに対して数値計画を消費税抜きで作成していると、手を加えずにそのまま比較した場合、実際の売上は変わらないのに、10%増加したように見えてしまいます。シンプルに経営判断を行えるよう、数値計画作成の際には消費税の経理処理方法も確認しておくようにしましょう。

なお、損益計画における消費税の納税額は、税抜経理の場合には考慮する必要はありませんが、税込経理の場合には租税公課として計上します。金額は、売上高（消費税抜き）から経費（消費税抜き）を控除[※1]した金額に税率をかけて概算額を計算するか、簡易課税の方法により計算した金額[※2]で計算します。

(※1) 人件費、減価償却費、保険料、金利等、消費税のかからない経費は控除しません。
(※2) 簡易課税：基準期間（通常２期前）の売上高が5,000万円以下の場合に、届出書の提出等の要件を満たした場合に適用される、簡易的な計算方法です。

・簡易課税の場合の概算額の計算方法：「売上高（消費税込）×100/110×10%×（1－簡易課税のみなし仕入率）」（食料品の販売など軽減税率対象商品が売上の中心の場合には「売上高（消費税込）×100/108×8%×（1－簡易課税のみなし仕入率）」となります）。

【簡易課税のみなし仕入率】

事業区分	みなし仕入率
第1種事業（卸売業）	90%
第2種事業（小売業）	80%
第3種事業（建設業、製造業等）	70%
第4種事業（飲食店業等、その他の事業）	60%
第5種事業（サービス業等）	50%
第6種事業（不動産業）	40%

◆M&Aや事業再生などの際の税金計算は特殊。税理士等の専門家に相談する

　事業計画の中に、M&Aや事業再生における債務免除の要請などを織り込むことがあります。その際には特殊な税務上の計算が要求され、かつ金額的な影響も大きくなることも考えられます。数値計画の根本が違ってしまわないよう、特殊な場合には、事業計画策定の段階で必ず専門家に相談するようにしましょう。

初めての事業計画 (事業計画を作ったことのない方へ) Column
〜まずは簡単な予算から

　事業計画を作成している人の割合、いったいどれくらいあるのでしょうか。

　小規模な会社であればあるほど作成している割合は少ないかもしれません。

　創業融資を受ける、補助金の申請をするなどの場合には仕方なく作成しますが、会計事務所やコンサルに丸投げといったこともあります。

　また、一度作成しても、そのまま作りっぱなしで、実行、評価、改善(いわゆるPDCAサイクル)を行わなければ、あまり作った意味があるとは言えないですよね。

　作成しない理由はいろいろあると思いますが、よくわからないし、面倒だというのが本音ではないでしょうか。「計画なんて机上の空論で意味がない」などといろいろ理由を付けては作成から回避する経営者の方もしばしばお見受けします。ただ、黒字が必須の我々中小企業にとっては、いくら売上を上げればいいのか、どのくらいコストを抑えればいいのかを知る必要があります。経営者である以上、「数字は苦手だ」では済まされません。

　そこで、本格的な事業計画でなくてもまずは最低限、翌期の予算を作成してみてはいかがでしょうか。

　予算を作成するには、まず、前期の決算書を用意します。
　↓
　翌期に稼ぎ出して会社に残したい利益額(内部留保額)の目標を立てます。
　↓
　数値計画上の目標となる税引前利益額を計算します。(内部留保の目標額+借入金返済額-減価償却費)÷(1-法人税等の税率))
　↓
　前期の決算書を基に販売費および一般管理費(ほぼ固定費)を足します。
　↓
　売上総利益率(前期決算書の売上総利益÷売上高)で割り返すと、利益目標を達成するために必要な目標売上高が出ます。
　↓

コラム

　売上高や各費用項目を12か月で割って、月次推移のたたき台を作成します。
↓
　大まかに季節変動を加えます。
↓
　売上の内訳として、何を何個売れば予算通りの売上になるかを考えます。
↓
　その結果、何を何個売れば利益目標が達成できるかがわかります。
↓
　毎月実績と比較して、原因を検証し、予算を見直します

　どうでしょうか？
　これならできそうな気がしませんか？
　あまり難しく考えずに、とにかく作成してみることが大切です。まずは、簡単な予算から。

事業計画とCSR、SDGs
～企業理念などに織り込む

Column

　近年、「CSR」や「SDGs」などが叫ばれています。よく聞く言葉ではありますが、なんとなくわかったような、わからないような。

　ただ詳しく調べてみると、これからの社会に必要なことばかりで、なるほど素晴らしい取組みだなと思います。

　「CSR」とは「企業の社会的責任」と訳されます。

　社会に対して一定の影響を及ぼす企業が、社会の持続可能な発展に貢献するために、社会や環境に配慮した経営を行う責任のことです。

　一方の「SDGs」とは「持続可能な開発目標」と訳されます。

　すべての人々にとってよりよい、より持続可能な未来を築くための青写真として、貧困や不平等、気候変動、環境劣化、平和と公正などに関する17の目標を掲げ、私たちが直面するグローバルな諸課題の解決を目指すものです。

　「CSR」は果たすべき責任で、「SDGs」は取り組むべき課題、方向性ということで、「SDGs」の方が自主的に取り組むものという意味合いでしょうか。

　企業は社会環境の中に順応していかなければ生き残ることはできません。今後「CSR」や「SDGs」の考え方を事業に取り入れることは必須となってくるのかもしれません。

　とはいっても企業にとっては黒字経営が第一命題。特に経営資源の乏しい中小企業にとっては、「CSR」や「SDGs」どころではないという声が聞こえてきそうです。

　しかしながら、近年の温暖化などの深刻な環境問題が進む中、消費者や取引先をはじめとする企業の利害関係者の環境意識も高まってきており、社会に支持される企業になるためには欠かせない視点となってきています。

　ほんの小さなことでも、地球環境のためになるならば喜ばしいことであり、また「社会貢献を行っている企業」とのイメージは長期的には企業利益の向上にもつながります。

　事業計画においても、企業理念などに「CSR」や「SDGs」の発想を少しでも加味し、日頃から意識することによって、少しでも社会に貢献できる企業になりたいものです。

第3章

各種事業計画の作成

◆企業のライフサイクルに合わせた事業計画の策定

　企業には、導入時から始まり、成長期、成熟期を経て衰退期にいたるライフサイクルがあると言われています。企業はそのライフサイクルを見極め、その時の企業の状態に合わせた事業計画を策定します。

　本章においては、企業のライフサイクルごとに各時期に作成されることが多いと思われる事業計画を取り上げました。導入期には「創業計画」、成長期には事業拡大のための「中期経営計画」や海外進出のための「海外展開事業計画」、成熟期には経営力を高めるための「経営力向上計画」や新事業に取り組む「経営革新計画」、衰退期においては既存事業や返済計画の見直しなどを行う「経営改善計画」や事業整理を含めた事業自体の見直しを行う「事業再生計画」を例として掲載しました。

　融資や出資に必要とされる事業計画作成のポイントとともに、実例を交えながら解説します。

　また、事業を継続するための計画として、いずれ訪れる事業承継のための「事業承継計画」、さらに近年の自然災害の多発を受け、災害時に事業を継続するために策定する「事業継続力強化計画」についても解説します。

I 導入期の事業計画

◆実績がないため、実現可能性についての説得力が重要

　創業するには事務所を構え、商品や必要な設備を購入するためなどの資金が必要です。また創業してもすぐに売上が上がるわけではないので、一定期間分の運転資金が必要です。それぞれどのくらい必要かは、計画を立ててみないとわかりません。創業時点では実績がないため売上の見込みを想定するのは難しく、数値計画については仮説に基づく不確定要素が多い計画とならざるを得ないという特徴があります。

　また創業資金を調達するために融資を受けることもあります。企業としての実績がないため、審査の対象は創業者自身の信頼性とともに、返済を可能とする将来の事業収益などの実現可能性となるため、それを示す事業計画の役割は重要です。

　ここでは、企業のライフサイクル中の導入期に必須となる、「創業計画」の策定について解説します。

1 創業時の事業計画～創業計画～

①目的
◆成功（黒字化）のための道しるべ

　創業計画の策定の目的は、事業の設計図を描き、将来の成功(黒字化)のための道しるべとすることです。また、資金調達のための審査資料として、事業に信用を付与する目的もあります。

　企業にとっては社会に貢献することが重要で、黒字化のみが必ずしも成功ではないかもしれませんが、寄付で賄う公益法人等を除いては、本業が黒字でなければいずれ経営は行き詰まり、社会貢献どころか周囲に迷惑をかけることにもなりかねません。社会に貢献する企業になるためにも事業の黒字化は必須です。

　また計画書作成を通して、利益を上げるためにどれくらいの売上を上げなければならないかを計算すると、いかに利益を上げるのが大変かと

いうこともわかります。事業として成り立ち、さらに企業が成長するための売上を獲得する戦略を考え、根拠付けするためにも事業計画策定は重要です。

このように、創業計画書には、企業が利益を上げ続け成長するための道しるべとしての役割があります。

②特徴および留意事項
◆**競合との差別化が重要。売上の根拠を強調**
　過年度の実績を基にして翌期以降の計画を立てる通常の事業計画と異なり、重要な根拠となる実績がないため、成功のための根拠付けについて特に説得力のある説明が求められるところに特徴があります。

　利益を持続できる理由を丁寧に説明することが必要であり、利益の基となる売上の根拠付けのため、自身の強みや弱みの分析とともに、市場や競合などの外部環境の分析も詳細に行います。

　事業計画の実現可能性を高めるため、商品・サービスの独自性により競合との差別化が図れていることを確認し、強調します。

◆**創業動機を整理する。動機は企業理念の基になる**
　創業を志す以上、そのきっかけとなった創業の目的や動機があるはずですが、思っているだけでなく文書としてまとめておきます。

　創業動機は企業理念へとつながり、事業継続をしていく上での基盤となるため、創業融資の審査においても重要です。

　例えば、開業資金調達の際に利用されることの多い、日本政策金融公庫の創業計画書においても、最初に「創業動機」の項目があります。

　文書化する際は、なぜ今この時期に、その商品等により創業しようと思ったのかを、きっかけとなった経験やノウハウ、人脈など、自身の持つ「強み」と関連付けて、できる限り具体的に記載します。

◆**創業計画書にはさまざまな書式がある**
　創業計画書にはさまざまな書式があり、日本政策金融公庫の書式や制

度融資の場合に自治体等が提示している書式等があります。

◆指定の書式を基にして、自身で作成した数値計画等を追加する

　例えば、日本政策金融公庫が例示している創業計画書ですが、これらの書式は、提出する事業者の負担や融資審査担当者の時間的な制約を考慮して、簡易的なものとなっています。

　記載欄のスペースもあまりないので、記載しきれなければ、別紙に記載して提出します。特に創業者の持つ「強み」や商品やサービスの差別化要因など、アピールしたいポイントについては、丁寧に詳しく記載します。

◆損益計画、資金繰り計画は融資審査においても重要

　また、計画書は量が多ければよいというものではありませんが、作成した損益計画の詳細や資金繰り計画についても、別紙で添えれば、より説得力のある計画書になります。

　特に資金繰り計画については、金融機関が事業収支における毎年の返済可能金額から貸し出せる金額を検討する上でも非常に重要ですので、追加して提出すると効果的です。

　具体的には、前述した5年間の損益計画、損益の月次推移計画、資金繰り計画等を追加するとよいでしょう。

❷　創業計画書作成のポイント

◆実際に作成してみる。面接で説明できる計画書にする

　ここでは、日本政策金融公庫の創業計画書を基にして、記載すべき主な内容について解説します。

　なお、創業計画書は作成して提出するだけでなく、審査の過程の面接等において、内容の説明を求められることになります。

　記載例を真似ただけのものや、コンサルタント等に丸投げして作ったものでは、面接の段階で審査担当者に見透かされてしまいます。

　記載内容について自信をもって説明できるよう、自分の言葉で作成し、

信憑性の高い計画書にすることが大切です。

①創業の動機
◆「動機」は創業の第一歩
　なぜこの事業を行うのかを、過去の実務経験や事業を行おうと思った経緯を含めて記載します。動機は目的となり、経営理念や事業コンセプトにつながるものであり、創業計画および事業継続を支える大切なものなので、簡潔に文章化してまとめておきます。

②経営者の略歴等
◆創業する事業に関係する職務経験は「強み」であり、重要なアピールポイント。事業と経験を関連付けて書く
　創業する事業に関係する職務経験等は、創業者にとっての「強み」となりますので、特に詳しく書くと説得力が高まります。勤務先名、勤続年数、配属先の職務内容、取引先など、具体的に記載するのがポイントです。
　職務経験が、創業しようとしている事業の売上高に結び付くように、事業計画に関連付けて記載すると、融資審査上も、実現可能性を判断するための重要な情報となります。

③取扱商品・サービス
◆商品・サービスの特徴、差別化要因となるセールスポイント、販売ターゲット等を競合・市場ごとの外部環境や自身の持つ「強み」と結び付けて具体的に記載する
　商品・サービスの内容、価格等を具体的に記載します。商品・サービスの特徴を簡潔に書きますが、想定する販売ターゲットや、競合他社製品に比べどのような点で優れているか等の差別化できる要因を、自身が持つ強みと結び付けて、セールスポイントとして強調して記載します。

◆売価は数値計画との整合性に注意

また、具体的な商品等1個当たりの価格帯や平均客単価等も記載しますが、損益計画における売上高の算定との整合性について再確認します。

創業融資の場合に限らず、作成した書類間での整合性がない場合、計画書の信憑性が疑われ、審査上、大きなマイナスポイントとなってしまいますので、注意します。

④従業員
◆売上計画等と整合させる

事業計画において見込んだ売上を達成するために必要な人員数を記載します。その際、なぜこの人数が必要なのかを売上計画と関連付けて説明できるようにしておきます。また、当初から過剰にならないように注意します。

⑤取引先・取引関係等
◆売上先、仕入先等との人脈は「強み」としてアピールする

創業する事業において予定する取引先が、過去の勤務先における取引先や友人知人である場合には、緊密な関係を創業者の「強み」としてアピールすることで、実現可能性についての説得力が高まります。その顧客がなぜ新事業の顧客になりそうかなど、実際に過去に売っていた商品と新事業の商品を関連付けて書くなど、重要な売り先になり得る理由がわかるように記載します。

また、仕入先などの調達先が重要な場合には、仕入先の商品供給力や過去に仕入れた実績なども具体的に記載します。

◆掛取引の入金および支払いサイトの把握は重要。資金計画に直結する

記載例の書式の中に「掛取引の割合」「回収・支払の条件」の欄があります。取引条件のうちこれらの条件は資金計画に直結するため重要です。例えば、掛売上の入金のサイトより買掛金の支払いサイトが短い場合には、入金がないうちに支払いが発生することになり、その分の運転資金

が必要となります。

　創業計画の策定上、資金計画と整合させるのももちろん大切ですが、創業前の取引先との交渉の際には、取引条件が資金計画にも影響することを認識した上で行うようにしましょう。

⑥関連企業
◆関連企業も審査の対象。決算書の提出も必要になる
　この欄は、創業者および配偶者が既に経営している他の企業がある場合に記載します。関連企業として記載した企業についても審査の対象となり、決算書の提出が求められます。仮に関連企業の業績が良くない場合には、創業融資により貸したお金が関連企業の資金繰りに回ってしまうなどのリスク（いわゆる迂回融資）も想定されるため、融資の審査は厳しくなると考えられます。

　なお、企業のその時点での信用力を基にして金融機関が借入限度額として設定する「与信枠」は関連企業を合わせて一体として設定されます。会社の数だけ与信枠が増えるわけではないので注意が必要です。

⑦借入の状況
◆カードローンなどは事前に返済する
　代表者個人の借入金がある場合に記載します。記載していなくても金融機関の信用調査でわかってしまうため、審査する側との信頼関係に問題が生ずることのないよう、漏れなく記載します。

　なお、カードローンなどがあると、お金に関し計画性がないと判断されることがありますので、少額なものについては、可能であれば事前に返済しておきましょう。

⑧必要な資金と調達方法
◆損益計画、資金繰り計画と整合させる。借入金は無理なく返済できる金額で
　損益計画をもとに、その売上を上げるために必要な設備資金および運

転資金とその調達方法について記載します。借入金の返済原資は主に利益と減価償却費なので、損益計画および資金繰り計画において無理なく返済できる金額であるかを確認します。無理があるようであれば、設備投資額や損益計画を見直すなどして、各計画の数値が辻褄の合わないことにならないように注意します。

⑨事業の見通し

◆**数値計画は信憑性が肝心、無理のない数値計画を記載する。各計画書間の整合性にも注意**

この書式においては、創業当初および1年後または軌道に乗った後の損益の見通しを記載しますが、その根拠を上記の「商品・サービス」「従業員」「必要な資金と調達方法」と整合させてなるべく具体的に記載します。

また、5年分程度の予想損益と資金繰り計画、および創業初年度の月次損益計画と月次資金繰り計画を作成していれば、別紙で添付することで、より説得力が高まります。

なお、審査上は利益が大きければよいというものではありません。いくら予想利益が大きくても、根拠付けが不明確で、無理な計画と判断されるとかえって印象が悪くなります。

計画書は信憑性が肝心ですので、くれぐれも無理のない「事業の見通し」を作成するように心掛けましょう。

⑩創業計画の記載例

◆**記載例の概要**

以下の記載例は、飲食業に従事してきた経験および人脈を生かして、落ち着いた雰囲気の和食店を開業することを想定して作成したものです。希少な食材や飲料およびきめ細やかな接客で、近隣の競合となるチェーン店との差別化を図ります。

開業資金は、自己資金と親族からの借入れのほか、日本政策金融公庫の新規開業資金を利用して資金調達を行うことを想定しています。

【日本政策金融公庫の創業計画書　記載例】

創 業 計 画 書

[令和〇〇年〇月〇〇日作成]
お名前　〇〇　〇〇

> 経験や人脈などの「強み」と関連づける

1　創業の動機（創業されるのは、どのような目的、動機からですか。）

	公庫処理欄
飲食店での10年にわたる勤務経験を生かし、友人が営む地元の農家や、全国各地の知人が生産する無添加の食材を使い独自に発案した創作料理を中心にした、落ち着いた大人のための和食店を開業したいと模索していたところ想定するコンセプトに合う店舗物件と出会ったことで、起業する決断に至りました。また、飲料についても、〇〇、〇〇その他より、有利な価格設定による仕入の確約を取付け、希少価値のある酒類を安価に提供できる見込みが立ったことも決断の要因となりました。	

2　経営者の略歴等（略歴については、勤務先名だけではなく、担当業務や役職、身につけた技能等についても記載してください。）

年　月	内　容	公庫処理欄
2016年4月〜	「居酒屋〇〇」アルバイトとして入店。ホールスタッフおよび調理補助を経験。	
2018年3月	〇〇調理専門学校卒業。調理全般の基本事項について学んだ。	
2018年4月	㈱〇〇（「割烹〇〇」）入社。調理場へ配属。料理長の指導を受ける。	
2021年12月	調理師免許取得	
2023年5月	同社の新規店舗「創作料理〇〇」の出店とともに、料理長に就任。料理とともに経営管理も任される。	
2025年10月	同社を退職予定（退職金100万円）	

> 創業する事業に関連のある経歴は大きなアピールポイント。業務内容等も具体的に書く

過去の事業経験	☑ 事業を経営していたことはない。 □ 事業を経営していたことがあり、現在もその事業を続けている。 　　　　　　　　　　　　　　　　（⇒事業内容：　　　　　　　　　　） □ 事業を経営していたことがあるが、既にその事業をやめている。 　　　　　　　　　　　　　　　　（やめた時期：　　　　　　　　　　）
取得資格	□ 特になし　　☑ 有（　調理師免許　　　　　　　番号等　　　　　　　）
知的財産権等	☑ 特になし　　□ 有（　　　　　　　　　　　□ 申請中　　□ 登録済）

3　取扱商品・サービス

取扱商品・サービスの内容	① 昼　日替りランチ（4種/ドリンク・デザート付）　客単価950円（売上シェア約14%） ② 夜　一品料理　産地直送による新鮮でヘルシーな〇〇、〇〇、等の提供（一品500〜3,000円） ③ ドリンク　ビール、焼酎、日本酒、ワイン、カクテル等のドリンクを提供（500〜2,000円）　客単価6,000円（売上シェア86%）	
セールスポイント	・地元や地方の生産者との人脈を生かし、新鮮で希少な食材や飲料を割安に仕入れることができる。具体的には、〇〇の〇〇ファーム直送の〇〇、コラーゲンが豊富な〇〇、〇〇産の魚介類等、産地直送による新鮮でヘルシーな食材および、地方の造り酒屋（〇〇等）から希少価値のある日本酒等を入手できる。 ・和風の落ち着いた内装ときめ細やかな接客で、大人のための寛げる空間を演出し、差別化を行う。	公庫処理欄
販売ターゲット・販売戦略	・40歳前後の近隣の会社員をメインターゲットとする。 ・新鮮な素材による特徴的なランチで、近隣の会社員に周知してもらい、単価の高い夜の来店を促す。 ・現職で親しくなった顧客に来店を促すほか、友人等の人脈を生かし、宣伝活動および集客を行う。	
競合・市場など企業を取り巻く状況	・近隣のオフィス街から〇〇駅への通勤経路の途中にあり、会社員の通行人が多い。また、周辺には戸建ての住宅や分譲マンションも多く、中所得者層以上が多く居住していると思われる。 ・競合となる飲食店は、チェーン店の居酒屋等が多く、落ち着いた雰囲気の店は少ない。	

> 何を誰にどのようにして売るのか。「強み」と関連づけて書く

各種事業計画の作成 第3章

4 従業員

常勤役員の人数 （法人の方のみ）	1人	従業員数 （3カ月以上継続雇用者※）	2人	（うち家族従業員）　　　人 （うちパート従業員）　1人（採用予定）

> 過剰にならないように

※ 創業に際して、3カ月以上継続雇用を予定している従業員を記入してください。

5 取引先・取引関係等

	フリガナ 取引先名 （所在地等（市区町村））	シェア	掛取引の割合	回収・支払の条件	公庫処理欄
販売先	一般個人 （　〇〇周辺の会社員、住民）	100%	%	即金　日〆　日回収	
	（　　　　）		%	日〆　日回収	
	ほか　　社		%	日〆　日回収	
仕入先	カ〇〇 ㈱〇〇（現勤務先の仕入先）	30%	%	末日〆翌月末日支払	
	〇〇ファーム（学生時代の友人が経営） （　　　）	20%	%	末日〆翌月末日支払	
	ほか　10社	50%	%	末日〆翌月末日支払	
外注先	（　　　）		%	日〆　日支払	
	ほか　　社		%	日〆　日支払	
人件費の支払	末日〆　翌月10日支払　（ボーナスの支給月　　月、　　月）				

> 取引実績や関係を記載

> 入金条件、支払条件も決まっていれば具体的に書く

☆ この書類は、ご面談にかかる時間を短縮するために利用させていただきます。
　　なお、本書類はお返しできませんので、あらかじめご了承ください。
☆ お手数ですが、可能な範囲でご記入いただき、借入申込書に添えてご提出ください。
☆ この書類に代えて、お客さまご自身が作成された計画書をご提出いただいても結構です。

6 関連企業（お申込人もしくは法人代表者または配偶者の方がご経営されている企業がある場合にご記入ください。）

関連企業①	企業名 代表者名 所在地 業種		関連企業②	企業名 代表者名 所在地 業種	

7 お借入の状況（法人の場合、代表者の方のお借入）

お借入先名	お使いみち	お借入残高	年間返済額
〇〇銀行	□事業　□住宅　☑車　□教育　□カード　□その他	50万円	24万円
	□事業　□住宅　□車　□教育　□カード　□その他	万円	万円
	□事業　□住宅　□車　□教育　□カード　□その他	万円	万円

> もれなく記入。細かいものは事前に返済しておく

93

8 必要な資金と調達方法

必要な資金		見積先	金額	調達の方法	金額
設備資金	店舗、工場、機械、車両など		850万円	自己資金	500万円
	(内訳)			親、兄弟、知人、友人等からの借入（内訳・返済方法）	200万円
	店舗内装		500万円		
	厨房設備・什器備品		200万円	父親より200万円	
	店舗保証金		150万円	(元本月2万円×100回　金利なし)	
運転資金	商品仕入、経費支払資金など		450万円	日本政策金融公庫　国民生活事業からの借入	600万円
	(内訳)			(元本月10万×60回　金利年2％)	
	仕入資金		100万円	他の金融機関等からの借入（内訳・返済方法）	万円
	経費支払等資金		350万円		
	合計		1,300万円	合計	1,300万円

吹き出し：契約条件を記載
吹き出し：資金繰り計画を基に余裕をもって設定
吹き出し：一致する

9 事業の見通し（月平均）

	創業当初	1年後又は軌道に乗った後（〇年〇月頃）	売上高、売上原価（仕入高）、経費を計算された根拠をご記入ください。
売上高 ①	250万円	300万円	<創業当初>
売上原価 ②（仕入高）	75万円	90万円	① 売上高
経費 人件費（注）	75万円	90万円	昼：950円×30席×稼働率60％×0.8回転×25日＝342,000円
家賃	30万円	30万円	夜：6,000円×30席×稼働率60％×0.8回転×25日＝2,160,000円
支払利息	1万円	1万円	② 原価率30％
その他	56万円	67万円	③ 人件費 役員30万円、社員1名25万円、アルバイト：1日4時間×25日×時給1,000円×2名＝20万円
合計 ③	162万円	188万円	家賃　30万円
			支払利息 600万円× 2.0％ ÷12＝1万円
			その他　減価償却費（10万円）広告宣伝費、光熱費消耗品費等
			<軌道に乗った後>
			① 売上高：創業当初の1.2倍（経験より）
			② 売上原価：当初と同じ原価率
			③ 人件費及びその他の経費：創業当初2割増
利益 ①－②－③	13万円	22万円	(注) 個人営業の場合、事業主分は含めません。

吹き出し：算式にあてはめて、具体的に記載する（曜日による繁閑差が著しい場合には曜日ごとに計算）

吹き出し：税引後の利益と減価償却費の合計額（当初19.1万円[※1]、軌道に乗った後25.4万円[※2]）が返済原資。月々の元本返済額（12万円）を上回っていなければならない

（※1）13万円×（1－30％）＋10万円＝19.1万円
（※2）22万円×（1－30％）＋10万円＝25.4万円
（法人税等の税率を30％と仮定する）

10 自由記述欄（追加でアピールしたいこと、事業を行ううえで…）

ほかに参考となる資料がございましたら、併せて提出ください。

（日本政策金融公庫 国民生活事業）

〈参考〉創業期の資金調達
◆**公的な制度の利用により創業時の信用不足を補完**
　ア．日本政策金融公庫の新規開業資金の利用

　資金調達が困難な創業期の融資制度として、政府系金融機関である日本政策金融公庫の新規開業資金があります。新たに事業を始める場合または事業開始後税務申告を2期終えていない場合には、以下の支援措置があります。

1) 無担保・無保証人融資
2) 利率を一律0.65％引下げ
3) 長期間の返済期間

【新規開業資金】

対象者	新たに事業を始める方または事業開始後おおむね7年以内の方
融資限度額	7,200万円（うち運転資金4,800万円）
返済期間	設備資金20年以内＜うち据置期間5年以内＞ 運転資金10年以内＜うち据置期間5年以内＞
利率（年）	基準利率。ただし、一定の要件に該当する方が必要とする資金は特別利率の適用あり（融資後に利益率や雇用に関する一定の目標を達成した場合に利率を0.2％引き下げる「創業後目標達成型金利」[※]の制度がある）
その他	女性・若者／シニア起業家支援関連資金、廃業歴がある方のための再挑戦支援関連資金、中小企業会計を適用して創業する場合の中小企業経営力強化関連資金等の貸付制度があり、金利が優遇されている。

※「創業後目標達成型金利」制度の概要
◆**要件を満たせば、事業計画と報告書の提出により利率が優遇される**

　新たに事業開始または事業開始後で税務申告を2期終えていない場合（1期終えた場合には、1期目の売上高減価償却前経常利益率がマイナスの場合に限る）で、一定の要件を満たす事業計画（P99「事業計画書（創業後目標達成型金利用）」）を策定された方が対象。
〈利率引下げの要件〉

・融資から2期目の売上高減価償却前経常利益率が5％超
・事業計画書作成時点から従業員数が1名以上増加（新たな事業開始の場合は1名以上雇用）していること
・融資後、税務申告2期を経過するまでの間は年2回、それ以降、利率引下げの要件に該当した方については、融資後5年を経過するまでは年1回、経営状況等の報告（P100「事業計画進捗報告書」）が必要

イ．自治体制度融資
◆自治体、信用保証協会、金融機関の協調により信用不足を補完

　日本政策金融公庫の創業融資と同様、創業期の信用不足を補い融資を受けやすくする制度として、各自治体が行う創業融資制度があります。信用保証協会が債務保証を行い、また自治体が保証料や金利の一部を負担することによって、創業のための支援を行っています。例として、東京都の創業融資制度について記載します。

【東京都中小企業制度融資】

対象	都内に事業所（個人事業者は事業所または住所）があり、東京信用保証協会の保証対象業種を営む中小企業者で以下3点のいずれかに該当する者 ①現在事業を営んでいない個人で、創業しようとする具体的な計画を有している ②創業した日から5年未満である中小企業者等 ③分社化しようとする会社または分社化により設立された日から5年未満の会社
資金使途	運転資金・設備資金
融資限度額	3,500万円
返済期間	設備資金10年以内（据置期間1年以内を含む）、運転資金7年以内（据置期間1年以内を含む）
その他	※創業支援特例あり 区市町村の認定特定創業支援等事業による支援または商工団体等による創業支援を受け、証明を受けた場合、融資利率を0.4％優遇

〈参考〉創業時の事業体の決定
◆**個人事業、合同会社、株式会社から選択する**

　創業計画を考える際、創業する事業体について何を選択するのかは大切な問題です。主なものとしては、個人事業、合同会社、株式会社がありますが、一長一短で、一概にどれがよいとは言えません。

　創業当初は売上が見込めず事業として成り立つまでに時間がかかることも多いため、まずは創業コストの最も少ない個人事業にしておいて状況により法人化を検討するという考え方もあります。これに対し当初から法人を設立する場合には、通常は合同会社か株式会社を選択することになります。その際、小規模な事業を想定していて設立費用も少しでも抑えたい場合には合同会社、将来大きく成長させたい場合には株式会社を選択するという考え方もあります。

　各形態のメリットおよびデメリットを検討し、特性を理解した上で選択します。

【各事業体の主なメリットおよびデメリット】

	メリット	デメリット
個人事業	●開業コストが低い ●決算等運営コストが比較的かからない ●一定の業種および従業員が5人未満の場合には、狭義の社会保険（健康保険、厚生年金保険、介護保険）の加入義務がない。また、業種や従業員数に関係なく、創業者自身の社会保険の加入義務がない	●資本の出資という概念がないため、会社に比べ資金調達の手段が限定される ●創業者自身が社会保険に加入できない ●会社に比べ、経理上、個人と事業の区分が曖昧になりやすく、経営管理上や対外的な信用力の点で問題となる場合がある ●所得が高い場合には、会社に比べ利益にかかる税率が高くなる ●法人に比べ、税務上の必要経費にできる範囲が狭い
合同会社	●株式会社に比べ、会社設立コストが低い ●出資を受け入れることができる	●会社設立費用がかかる ●個人事業に比べ、会計、決算等の運営コストがかかる

合同会社	●創業者自身が社会保険に加入できるため、年金の積み増しや、病気等の場合の給付などを受けることができる ●役員の任期がないため、株式会社に比べ登記の手間と費用がかからない ●官報等への決算公告の義務がない ●個人事業に比べ所得に対する税率が低く、また創業者の役員報酬を経費計上できるなど、個人事業に比べ税務上のメリットが大きい	●社会保険の加入が義務付けられており、コストがかかる ●株式会社と比較して知名度が低い ●出資者の数に制限があり、原則として出資者と役員が同一なため、出資のみを受け入れることができず、株式会社に比べ、資金調達の手段が狭い
株式会社	●合同会社と違い、出資者の人数に制限がなく、また、所有と経営が分離され出資のみを受けることができるため、株式上場の場合も含め、多くの出資を受け入れることができる ●種類株式の発行など資金調達方法の幅が広い ●創業者自身が社会保険に加入できるため、年金の積み増しや、病気等の場合の給付などを受けることができる ●個人事業に比べ所得に対する税率が低く、また創業者の役員報酬を経費計上できるなど、個人事業に比べ税務上のメリットが大きい ●認知度が高く、比較的、社会的信用が高い	●会社設立費用が合同会社より大きい ●個人事業に比べ、会計、決算等の運営コストがかかる ●社会保険の加入が義務付けられており、コストがかかる ●決算公告を行う義務がある ●役員の任期があるため、たとえ創業者一人の会社でも、役員重任登記をしなければならず、費用がかかる

各種事業計画の作成　第3章

【事業計画書（創業後目標達成型金利用）の記載例】

2025年7月31日

ご署名またはゴム印（社判）を押印ください。

株式会社日本政策金融公庫　御中

住　　　所　島根県〇〇市〇〇1-2-3
商号又は名称　株式会社〇〇〇〇（和食処〇〇）
代表者名　〇〇　〇〇

事業計画書（創業後目標達成型金利用）

1　収支計画等

（単位：万円）

> 設立5期しか経過していない場合は、償却前経常利益率がマイナスの場合に限る

	直近期(注1)	ご融資後1期目	ご融資後2期目(注2)	ご融資後3期目	ご融資後4期目	ご融資後5期目	最終目標
	2025/3期	2026/3期	2027/3期	2028/3期	2029/3期	2030/3期	2031/3期
売上高	2,289	2400	3000	3300	3600	6000	6600
売上原価	807	720	900	990	1080	1800	1980
うち減価償却費	0	0	0	0	0	0	0
売上高総利益	1482	1680	2100	2310	2520	4200	4620
販売管理費	1623	1700	2000	2150	2200	4000	4200
うち減価償却費	98	120	110	100	100	200	200
営業利益	-141	-20	100	160	320	200	420
経常利益(注3)	-163	-40	80	140	300	160	380
売上高減価償却前経常利益率	-2.84	3.33	6.33	7.27	11.11	6.00	8.79
従業員数(注4)	1	1	2	2	2	4	4

> 5％超が要件

> 事業計画策定時より1名以上増えていることが要件

(注1)創業期および創業税務申告未了のお客さまの場合は空欄でかまいません。
(注2)ご融資後2期目において、売上高減価償却前経常利益率が5％となることおよび従業員数が事業計画策定時点よりも1名以上増加していることが要件となります。
(注3)個人事業主の場合、経常利益を「青色申告特別控除前の所得額」に読み替えます。
(注4)1 従業員とは3か月以上雇用する方で、生計を一にする家族従業員を除きます。　2 直近期は事業計画策定時点の従業員数をご記入ください。

2　売上高減価償却前経常利益率5％超を達成およびその後の成長のための取組み

$$\text{売上高減価償却前経常利益率の算出式} = \frac{\text{経常利益(注)＋売上高【A】×（1－原価率【B】）－販売管理費【C】＋営業外損益＋減価償却費}}{\text{売上高【A】}}$$

(注)個人事業主の場合、経常利益を「青色申告特別控除前の所得額」に読み替えます。

	計画1期目	計画2期目	計画3期目以降
売上高【A】の増加	料理教室などのイベント開催、SNSでの情報発信などを通して、店の情報を広く伝える	売れ筋メニューの分析によるメニューの改廃、看板メニューの開発、店舗での接客技術向上により、売上向上を目指す。	5期目で2号店開店、売上増加を目指す。
原価率【B】の低減	メニューの変更、地元の農家からの直接仕入れなどにより、原価率を低減		2店舗共同で仕入れや仕込みを行い、原価率の低減を図る。
販売管理費【C】の低減		オペレーションの向上により、販売管理費の増加を抑える。	

> 売上増加策、原価率低減策、販売管理費の低減策を具体的に記載。収支計画との整合性にも注意

3　従業員確保のための取組み
・地元公民館、店頭での従業員募集ポスターの掲示
・求人誌への掲載
・ハローワークでの募集開始
・自社HPでの募集情報掲載

4　現在把握している経営課題と対応策

経営課題	・競合店に対して、メニューなどにおいて差別化が出来ていない。 ・地元における店の認知度が低く、固定客の獲得に至っていない。
対応策	・地元の産地直送の食材を使用した、健康に配慮した独自の新メニューを開発。 ・経営者の調理ノウハウと地元の食材を活かした料理教室などのイベント開催や、SNS等による情報発信を通して、店の存在を広めるとともに、顧客の囲い込みを行う。

99

【事業計画進捗報告書の記載例】

事業計画進捗報告書

令和　9年　7月　31日

ご署名またはコム印（社判）を押印してください。

住　所　　島根県〇〇市〇〇1-2-3
事業所名　（株）〇〇〇〇（和食処〇〇）

> 以前提出した計画書と一致

> 決算書の損益計算書から転記

○収支の状況（　2027年3月期）　　（単位：万円）

	当期の計画値	実績値
売上高	3,000	3,023
売上原価	900	922
（うち減価償却費）	0	0
売上高総利益	2,100	2,101
販売管理費	2,000	2,045
（うち減価償却費）	110	110
営業利益	100	56
経常利益	80	46
当期利益	73	39

○財務の状況（　2027年3月期）　　（単位：万円）

	当期の計画値	実績値
総資産		986
総負債		864
（うち社債及び借入金）		638
自己資本		122

> 決算書の貸借対照表から転記

○計画達成のため、今期主に取組んだ事項
・地元の消費者を対象とした料理教室などのイベントや、SNSなどによる情報発信により顧客の獲得及び囲い込みを図った。
・地元の食材を使った健康的なメニューを定期的に開発し、投入した。

○計画達成できなかった場合（＊）の要因および今後の見込み
・仕入れや仕込み、イベントの準備などの業務に予定より時間がかかり、人件費をはじめとする販売管理費が増加した。
・今後、店舗オペレーションの見直しなどにより、経費の増加を抑える方策を検討している。

（＊）当初計画の主要項目に対して、概ね8割を下回る場合をいう。

> 経常利益、当期利益が計画の8割を下回っているため記載

(以下認定支援機関使用欄)

○実施した実行支援内容（経営環境変化資金の場合は経営指導内容）

【認定支援機関連絡先】
　ご署名またはコム印（社判）を押印してください。
電話番号
住　　所

機関名　　　　　　　　　　　　　　　　　　　　　　　（担当者）

❹ 事業計画の運用

①実行スケジュール

◆**開業予定日から逆算する。ある程度のスピードが大事**

　開業を志したら、開業予定日を設定します。開業予定日から逆算して準備期間の実行スケジュールを立てます。

　開業後トラブルにならないよう入念な準備が必要なのは事実ですので、実行スケジュールは長い期間を設定しがちです。またスケジュールを決定し準備を進めるうちに、行うべきことが予定よりも多いことが判明し、当初に想定した準備期間を上回ることもあります。

　ある程度の延長はやむを得ないかもしれませんが、準備期間が長くなればなるほど収入のない期間や開業準備コストも増えますので、ある程度のスピードは大切です。

　準備が進まないうちに時間だけが経過してしまうことのないよう、タイムスケジュールを決めて行動しましょう（P72参照）。

②検証

◆**実績との対比を行う。資金繰り難などの将来の危機をいち早く予測**

　計画は策定しただけでは意味がありません。計画と実績とのずれを検証することはとても重要です。

　特に創業の場合には、過去の実績がないため計画と実績との差額が大きくなりがちです。

　売上計画から始まる損益計画は資金計画のもとになっていますので、利益が計画よりも低ければ、その分将来の現預金も予定より減ってしまうことにつながります。

　計画未達により予算外の資金調達が必要とならないように慎重に創業当初の計画を組むことが大切ですが、それでも実績との対比の結果計画未達により将来の資金ショートの可能性が見えることも考えられます。資金調達には審査などで一定の時間が必要なことを考慮し、早めに検討を開始するようにしましょう。

③数値計画の見直し

◆**数値計画は実績を基に見直しを行う**

　創業当初は特に、数値計画と実績の差異が大きくなりがちです。差異の原因を分析したのち、将来の数値計画の見直しを行います。

　２期目以降の数値計画については、毎決算期末前に当期の実績をもとに創業計画書中の数値計画を修正して、予算としておおまかなたたき台を作成します。その後、特に売上計画については、各部門ごと、営業部員ごとなどの単位で積上げ方式で算出した売上予算額との過不足について調整します。その上で、売上原価計画やその他の経費の支出計画と合わせ黒字となるように予算を練り直していきます。

◆**導入期は、PDCAサイクルの繰返しにより「事業の柱」を見極める**

　導入期には事業の実績がないため、事業計画通りに進まないことも多いため、計画、実行、評価、改善のサイクルを繰り返しながら、どの商品やサービスが受け入れられるかなどについて検討し、事業の柱を見極めます。

　導入期は、事業を成長期の軌道に乗せるための大事な時期です。創業計画を策定し、PDCAサイクルの繰り返しにより、細やかな分析を行い、柱となる事業を育てていくことが大切です。

Ⅱ 成長期の事業計画

◆成長期は資金需要が旺盛。事業計画により信用を付与

　企業の成長期においては、拡大する需要に対応し積極的な投資を行って成長へ向けた戦略を立案します。成長期における資金需要は旺盛で、資金繰り改善や資金調達のためにも適切な事業計画の作成が求められます。

　成長に経営管理が追い付かず、「ヒト・モノ・カネ・情報」といった経営資源も不足になりがちな時期なので、経営計画においても留意します。

　ここでは、事業を成長させ拡大するための「中期経営計画」、および、市場を海外へ求め、海外へ展開する際の「海外展開事業計画」について解説します。

1 事業拡大時の事業計画～中期経営計画～

①目的

◆成長のための経営目標を明確にする。夢の実現へ向けた道しるべ

　特に中小企業においては、ヒト・モノ・カネ・情報の経営資源の制約から、経営企画室など戦略部門のある大企業と比べると、成長に向けた戦略策定が疎かになりがちです。

　具体的な事業計画を策定せずに事業経営をしてきた中小企業などにとっては、自社の状況を改めて分析し、長期的な目標、方向性を検討することは重要です。また、特に成長期においては資金需要が旺盛で、無謀な計画による事業拡大は資金繰り難につながることとなり非常に危険です。

　「中期経営計画」は資金の裏付けのある事業計画を作成し、健全に事業を成長させていくことを目的とします。

②特徴および留意事項

◆5年程度の期間分作成する。5年後のあるべき姿、ビジョンの設定から始まる

中期経営計画の目標は企業理念および長期的な目標、夢を達成するためのもので、目標から逆算して具体的な事業計画を立てます。
　企業を成長させるためには、事業計画作成において毎期少しずつ売上を伸ばして5年後にたどり着くという考え方よりも、5年後の成長した後のなりたい状態である目標値から逆算して毎期の数値計画を考える方がよいかもしれません。
　1期ごとの売上高等の積上げ方式だとどうしても控えめな目標となってしまい、成長戦略を策定するという中期計画の目的に必ずしもそぐわないからです。
　まずありたい姿を考え、その実現のために何をなすべきかを考えます。具体的には、まず現状の分析を基にして、将来のありたい姿、目標として、年商○○億円を目指すなど具体的に企業ビジョンとして設定します。
　中期計画の策定においては、現在の財務状況や、自社の持つヒト・モノ・カネ・情報などの経営資源の制約を受けますが、根拠付けのしっかりした説得力のある事業計画にするためには、過去の実績の分析が重要となります。

③計画策定のポイント
　計画作成の方法は特に決まったものはありませんが、例えば以下のような手順が考えられます。

| 過去の実績および現状の財務情報の把握。原因の分析により経営課題を抽出 |

| 5年後に達成すべき目標売上高等をビジョンとして設定 |

| 一旦、大まかな数値計画を含めた事業計画のたたき台を策定 |

| SWOT分析、アンゾフの成長マトリクスなどによる方向性（事業コンセプトなど）の検討 |

| 事業領域の検討およびマーケティングミックスの分析などにより実現のための戦略を立てる |

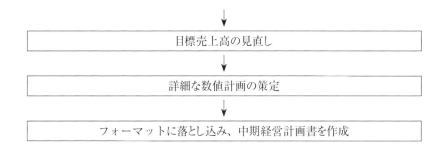

　ア．過去の実績および現状の財務状況の把握

◆過去5年程度の財務諸表を並べて比較。増減を分析し財務上の問題点を把握

　現状の把握のため、過去5年程度の損益計算書の各項目の数値を比較します。各段階の利益額（売上総利益、営業利益、経常利益、当期純利益）を比較したのち、売上高、売上原価、販売費および一般管理費の各項目の増減を分析し、概括的な傾向をつかみます。

◆利益増減の原因を検証する

　利益の中でまず注目すべきは本業での利益を表す営業利益です。営業利益により金融費用等の営業外費用を賄えなければ、経常赤字に陥ることになります。

　営業利益は以下の算式により計算されます。

> 営業利益＝売上高－売上原価－販売費および一般管理費

　営業利益増減の原因の中で、特に重要なのは売上高の増減です。

　売上高は商品ごとに単価×数量などの構成要素に分解して分析し、さらに顧客、場所等に細分化します（P45参照）。

　また、売上原価についてもできれば製品ごとに、販売費および一般管理費はその項目ごとに増減分析を行います。

　数値の増減分析をした後、具体的な増減の原因を分析します。例えばA商品の○○地域の販売数量が減少しているのであれば、減少した原因を外部環境および内部環境の変化の観点から検討します。

なお、原価計算の精度にもよりますが事業計画のもととなった製品・サービスごとの粗利益の計画値について実績と比べることができると、後述する成長戦略（P107参照）を考える際の重要な情報となります。利益に貢献している製品は、販売促進を強化して既存の市場にさらに浸透させる（市場浸透戦略）、あるいは新市場に投入する（新市場開拓戦略）等の戦略が考えられます。これに対し、利益にあまり貢献していない製品は、販促等に問題がなければ製品自体に問題があると考えられ、改良、あるいは新製品に切り替える戦略（新製品開発戦略）にするなどの判断が必要となります。

イ．5年後の目標売上高の検討
◆**目標の概略を設定**
　過去の実績をもとに、現状から成長した5年後の目標売上高を設定します。達成したい売上高については、既存製品については、個別の製品、事業部ごとに販売数量など過去の実績を基に算出します。その際には、既存顧客へのプロモーションの強化あるいは新市場へ投入するなどの売上増加策を検討します。
　また、新製品やサービスの投入については別途、新たに策定した新製品等の販売戦略と整合させて金額を算出します。
　上記により積み上げた製品・事業部ごとの個別の売上高を企業全体として合計し、事業計画の売上高とします。

ウ．事業計画のたたき台を策定
◆**まず書いてみる**
　事業計画は、最初から外部の利害関係者に見せられるようなものができるわけではありません。考えすぎて取り掛かれないより、まず自分なりに書いてみることが大切です。たたき台として作成したものを何度も見直していくうちに事業計画としてまとまってくると思います。

エ．SWOT分析などによる検証（P30参照）

◆**環境分析により方向性を検討する**

　自社を取り巻く外部環境および内部環境を分析した上で、アの財務状況の分析結果を前提に、自社の進むべき方向性を考えます。

　現時点での外部環境および内部環境を見直すことにより、現状の事業との整合性を検証し、今後の戦略立案のための情報とします。

内部環境	外部環境
強み（S）	機会（O）
弱み（W）	脅威（T）

オ．成長マトリクスによる成長戦略の考察

◆**市場、製品サービスを軸に進むべき方向、成長戦略を考える**

　中期経営計画において、企業を成長させるための戦略を考える方策としてアンゾフの成長マトリクスがあります。

　この方法は、市場と製品を組み合わせることにより、市場浸透、新市場開拓、新製品開発、多角化の4つの戦略を検討する方法です。

　事業の拡大を目指す際に売上高を増やす手段として、既存製品の売上が順調ならば、既存顧客の購買回数を増やすなどの「市場浸透戦略」を採用します。この方法は既存顧客に対する効果的なプロモーションの実施などにより行いますが、コストも比較的かからないため効率的な方法です。また、現在の市場が飽和状態である場合にさらに売上規模を拡大するためには、既存製品を新市場に投入することによって新規顧客の開拓を狙う「新市場開拓戦略」を選択します。

　これに対して、既存製品が当初の予定よりも売れていない場合などには、新規に開発コストをかけてでも新製品を開発する「新製品開発戦略」を採用することを検討する場合もあります。その際にはまずは、既に信頼関係が構築されていて売込みが容易と思われる既存顧客に対して新製品を売ることを考えます。

　さらに新製品の販売先を拡大したい場合には、新製品を新たな顧客に対して売るという「多角化戦略」をとることも考えられます。最終

的に大きな成長を目指すためには、多角化戦略の採用は必須です。これらの戦略をまとめたのが、下記のアンゾフの成長マトリクスです。

製品と市場を切り口として企業がとるべき戦略の考え方を整理するのに適しています。

		製品 既存	製品 新規
市場	既存	**市場浸透** 既存製品を既存の市場へ	**新製品開発** 新製品を既存市場へ
市場	新規	**新市場開拓** 既存製品を新市場へ	**多角化** 新製品を新市場へ

（アンゾフの成長マトリクス）

カ．戦略の検証
◆**自社が進むべき事業領域を検証する**

取るべき戦略の概要を検討した後、現状の自社の事業領域（提供する商品・サービス、ターゲットとなる顧客、対応するニーズ、競合優位性）を検証し、事業領域を再検討します（P25参照）。

その上で、Product（製品やサービス）、Price（価格）、Place（流通）、Promotion（販促）のマーケティングの4Pをもとにした、マーケティング戦略を考えます（P32参照）。

キ．経営目標の設定
◆**実現可能性を基に売上目標を見直す**

上記で分析した内容をもとに、当初掲げた売上目標を見直します。例えば「5年後に売上高を〇〇億円」とのビジョンを掲げ、具体的にどのような製品・サービスをいくらで何個、どうやって売るかを数値計画としてまとめます。

ク．中期経営計画を作成する

上記を中期経営計画としてまとめます。

④中期経営計画書の記載例
◆**記載例の概要**
　以下の記載例は、創業して5年目の成長期にあるヘルスケア関連事業を行う会社をモデルに作成したものです。
　創業者が勤務時代に培った、健康に関するデータ解析の技術と機器開発メーカー、医療機関との人脈などの強みを生かし、消費者の健康意識の高まりなどの機会をとらえて成長してきたものの、人的資源の問題から、将来の事業拡大が難しいという課題を抱えています。
　課題を解決し、さらなる成長を目指す企業を想定しています。

中期経営計画書

作成日：令和○年○月○日

株式会社●●●●

目 次

＜1＞会社概要
　（1）商号・本店などの情報
　（2）沿革
　（3）企業理念
＜2＞現状分析
　（1）ビジネスモデル俯瞰図
　（2）事業領域
　（3）ＳＷＯＴ分析
＜3＞事業戦略の立案
　（1）中期計画の目標
　（2）経営課題の抽出
　（3）事業戦略（経営課題への対応策）
　（4）今後のビジネスモデル俯瞰図
＜4＞数値計画
　（1）売上計画
　（2）損益計画
　（3）資金計画
　（4）設備投資計画
＜5＞実行計画
　（1）組織・人員計画
　（2）実行スケジュール

各種事業計画の作成　第3章

<1>　会　社　概　要

（1）商号・本店などの情報

商号	株式会社●●●●	資本金	1千万円
本店	東京都○○区○○1－2－3		
役員	代表取締役　○○○○ 他取締役2名、監査役1名	発行済み 株式数	1千株
株主	○○○○（代表取締役）　800株 ○○○○（取締役）　　　100株 その他3名　　　　　　　100株		
会社目的	………		

（2）沿革

平成○○年○月	東京都○○区○○にて会社設立
平成○○年○月	主力商品「○○○」の開発完了、販売開始
令和○年○○月	医療機関、自治体と提携し○○のサービスを開始
令和○年○○月	会社本店を現在の○○区に移転
	現在に至る

（3）企業理念

> 企業の根底の存在意義、価値観。短い言葉で表現する

「人々の潜在的ストレスを軽減し、幸せなコミュニティ創造に貢献する」

　複雑な現代社会における本人も気が付かない潜在的ストレスからくる心と体の不調の悩みを訴える人々が増えています。
　当社は独自の○○測定およびデータ解析のノウハウによりこれらの人々の悩みを改善し、優しく思いやりのある行動を醸成することを通して、幸せな家族やコミュニテイ作りに貢献します。

> 事業の動機や目的など、企業理念を根拠付ける説明を加えると伝わりやすい

111

<2> 現 状 分 析

（1）ビジネスモデル俯瞰図
：当社の現状のビジネスモデルは以下の通りです。

> 商品開発から顧客への販売、代金の回収に至る流れを図示し、利益を獲得するための仕組みを示す

概要	①顧客からの相談に応じてカウンセリングを行い、○○の測定、測定データ解析を行う。 ②データ解析の結果、顧客の潜在的ストレスの軽減にとって良い○○○の仕様を設計し、メーカーへ仕様に基づく○○の制作を依頼する。 ③顧客に商品を納品し、定期的なアフターフォローを行う。
俯瞰図	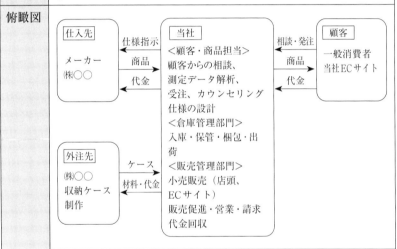

（2）事業領域（事業ドメイン）

> 「何を（①商品）」、「誰に（②ターゲット）」、「どのようにして（ビジネスモデル）」提供するか

①提供する商品・サービスの特徴

・「○○などを原因とする潜在的ストレスを抱える現代人に対し、○○測定およびデータ解析のノウハウにより一人ひとりの潜在的ストレスを見える化し、軽減するためのオーダーメイドの○○○」

第3章 各種事業計画の作成

・＜○○測定とデータ解析、カウンセリングによる○○○の販売＞
まず、○○測定とデータ解析およびカウンセリングを通して一人ひとりの身体にある潜在的ストレスを「見える化」します。
その上で、「見える化」されたストレスを軽減するため一人ひとりに対し有効な○○・○○などの要素を組み合わせた○○を制作し販売します。

・＜アフターサービス＞
定期的な○○測定とデータ解析及びカウンセリングにより、ストレスの軽減度合いなどの効果を測定し、○○の調整を行う。

---

②ターゲットとなる顧客、対応するニーズ	
＜ターゲット顧客①＞	「日常生活でストレスを抱えやすいと思われる30〜50代の主婦層」
	子育て・家事・介護など自分の外側の事案への配慮や不安を抱え、自分の事をあと回しにせざるを得ず、ストレスを抱えがちです。加えて○○を原因とする潜在的ストレスは、心理的・感覚的なストレスを増加させると考えられます。そんなストレスを抱えながら生活されている30〜50代の主婦層の方々をターゲットとします。
	＜対応するニーズ①＞
日常の心理的・感覚的なストレスを軽減したいというニーズ
＜ターゲット顧客②＞	「ストレスを抱える思春期の子どもを持つ父親・母親」
	通常でも思春期の子どもは特に精神が不安定になりやすく、落ち着きがなかったり、落ち込んだりと精神状態の起伏が大きくなりがちです。それに加え○○を原因とした潜在的ストレスは子どもをより不安定な状態にすると考えられます。そんな子どものストレスを緩和し少しでも落ち着かせたいと思う父親・母親をターゲットとします。
	＜対応するニーズ②＞
子どもを少しでも落ち着きのある子にしたいという父親・母親のニーズ

（想定するターゲットを絞って記載）
（狙いたい顧客ニーズを記載）
（短く定義した後、説明文を書くとわかりやすい）

<ターゲット顧客③>	「ＰＣなどのスクリーンを見る時間の長いビジネスマン」
	仕事などにより、PCやスマートフォンなどの利用時間が長く、○○○などの○○○○による○○の疲労により、潜在的ストレスを抱えているビジネスマンをターゲットとします。
	<対応するニーズ③> 　○○を防止し、潜在的ストレスを軽減したいというニーズ

> 競合優位性は持続的成長のために必須。具体的に理由がわかるように記載

③競合と比較した優位性

・<○○測定とデータ解析ノウハウによる差別化>

　顧客一人ひとりに対するカウンセリング、○○測定とそのデータ解析の結果を○○○の制作に反映させることによって競合他社の製品に対して差別化を行っています。

　当社の○○測定とデータ解析は、代表が長年にわたる経験から生み出したノウハウであり、当面は他社に模倣される可能性は少ないと思われ、現時点においては競合となる○○○販売を行う他社に対して、優位性を有していると考えています。

　具体的には・・・・・・

（3）ＳＷＯＴ分析

> 事業計画の方向性を決めるために分析する（P30参照）

：自社の内部環境としての強みおよび弱み、自社を取り巻く外部環境としての機会、および脅威の分析結果は、以下の通りです。

各種事業計画の作成 第3章

(強み) ● 企業勤務時代に培ったデータ解析のノウハウ ● 医療関係者などの協力者の存在 ● 勤務時代からの○○業界に対する人脈 ● ○○測定・データ解析などの独自のノウハウ	(機会) ● 健康志向の高まり ● ストレス社会の到来 ● データ解析機器の性能の向上
(弱み) ● 資金力、人材の不足 ● ノウハウの代表者への集中 ● 新製品を周知する際の、信用力の不足	(脅威) ● 大手企業の参入による競争の激化 ● 個人消費の伸び悩み ● 材料費、人件費などのコストの上昇

<3> 事 業 戦 略 の 立 案

(1) 中期計画の目標

> なるべく数値化できる目標にすると伝わりやすい

1	「5年間で累計○○○人の潜在的ストレスを軽減」 　毎期○○人の新規顧客獲得を目指し、潜在的ストレスの軽減に貢献します。

2	「令和○5年9月期には、売上高○○○○万円達成」 　既存顧客へのさらなる浸透、および、新規顧客の獲得で売上を増加させます。

3	「社員、代理店の成長を促し、○○○を育成」 　社員や代理店の教育を強化し、顧客への貢献体制の整備とともに、社員一人ひとりの能力向上に貢献します。

115

（２）経営課題の抽出
：中期計画の目標の達成のために、解決すべき経営課題を抽出しました。

> マーケティングの4P（P36参照）の切り口で経営課題を抽出するとわかりやすい

| 課題① | 商品・サービスの競合他社に対する差別化 |

> Product：独自ノウハウなどの強みを生かし、競合の脅威に対抗したい

　商品・サービスの認知度が増すにつれて、競合他社の参入の脅威が予想されます。本格的な参入の前に、当社の強みである○○測定・データ解析などの独自のノウハウや、性能が向上したデータ解析機器を活かしてさらに差別化を進め、競合他社に対抗したいと考えています。また付帯サービスの質の向上も検討します。

| 課題② | 販売価格、利益率の向上 |

> Price：高めの価格設定により、利益率の維持向上を図りたい

　仕入価格の上昇、人件費の上昇により利益率の圧迫が懸念されています。①により進めた差別化を根拠として、価格帯を高めに設定したいと考えています。また付帯サービスなど利益率の高いサービスの提供を増やし、利益率の維持・向上を目指します。

| 課題③ | 代理店など流通網の整備 |

　当社の商品・サービスは、代表の持つノウハウおよび作業に依存するところが多く、代表者の動ける範囲でしか売上増加策が取れないところが弱みです。
　そこで、代表者以外により、同様のサービスが提供できるよう社員の教育とともに、本店以外への地域の市場への進出のため、代表者が直接関与しない営業体制の構築が必要です。

> Place：代表者依存を克服するため、販売チャネルを増やしたい

| 課題④ | 販売促進の強化 |

> Promotion：機会をとらえて売上を伸ばすため、販売促進を強化したい

　健康志向の高まりなど、商品の認知度を上げれば売上を伸ばす機会があることを認識しています。
　一方で、当社の販売促進はホームページおよび口コミで行ってきましたが、積極的な販売促進は代表者に依存するのみであり、商品等の認知度はいまだ高くありません。そこで、販売促進を強化し、認知度を高める必要があります。

第3章 各種事業計画の作成

（3）事業戦略（経営課題への対応策）
　：SWOT分析結果等に基づき、経営課題解決のため、以下のような対応を行っていきます

> 抽出した経営課題に対応して、マーケティングの4Pの切り口で記載（P36参照）

課題①への対応策	商品・サービスの競合他社に対する差別化

　当社製品購入者のデータを活用し、さらに顧客一人ひとりの体調など細かなニーズに対応した商品・サービスを提供するノウハウを開発することにより、差別化を強化します。
　具体的には、・・・・・・・・

> Product：商品等の改良、新商品等の開発による「市場浸透戦略」、「新商品開発戦略」（P107参照）

課題②への対応策	販売価格、利益率の向上

　仕入価格の上昇、人件費の上昇により利益率の圧迫が懸念されるため、差別化の進んだ商品の価格帯を上げ、また付帯サービスなど、利益率の高いサービスを増やします。
　具体的には・・・・・・・・・

> Price：①を根拠とした利益率の高い価格帯の設定

課題③への対応策	代理店など流通網の整備

　代表者に依存する商品・サービスの提供から脱却して、販売網を広げるため、代理店制度の導入を目指します。当初は試験的に提携先である協力会社にて行い、代理店契約、教育等のマニュアル整備後、各地域に増やしていくことを検討します。
　具体的には・・・・・・

> Place：代理店制度の導入により、本店所在地域以外の市場への進出を狙う「新市場開拓戦略」（P107参照）

課題④への対応策	販売促進の強化

・ホームページリニューアル
　ホームページを販売促進効果を考慮してリニューアルします。
具体的には・・・・・・

・社員研修の強化
　社員研修制度の充実によりノウハウを代表者以外にも伝え、○○やクリニックなどへの販売営業を強化するとともに社員のモチベーションを高めます。
　具体的には・・・・・・

> Promotion：ホームページや社員教育により営業力を高め、既存顧客への浸透を図る「市場浸透戦略」（P107参照）

(4) 今後のビジネスモデル俯瞰図

概要	現状の消費者への店舗および当社ECサイトからの直接販売に加え、市場を広げるため、代理店販売を導入する。
俯瞰図	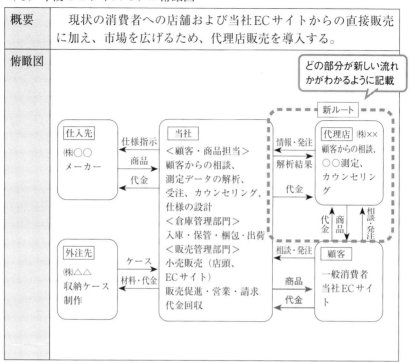

<4> 数 値 計 画

(1) 売上計画

　計画初年度である令和〇年9月期の売上高は〇〇〇〇万円を見込んでおり、計画5年度には年間〇〇〇〇万円の達成を目標にしています。

各種事業計画の作成 第3章

(単位:万円)

	R○1年9月期 ※1	R○2年9月期 ※2	R○3年9月期 ※3	R○4年9月期 ※4	R○5年9月期 ※5
役務収益	○○○	○○○	○○○	○○○	○○○
商品売上高	○○○○	○○○○	○○○○	○○○○	○○○○
売上高合計	○○○○	○○○○	○○○○	○○○○	○○○○

> 経営ビジョン、損益計画の数字と一致

各年度の売上高の根拠は以下の通りです。

> 売上高の根拠をなるべく具体的に記載(P44参照)

(売上高の根拠)

※1　役務収益　　○○測定、解析：＠○○○○円×○○件＝○○○万円
　　　商品売上高　既存A商品　　：　＠○○○○円×○○個＝○○○万円
　　　　　　　　　既存B商品　　：　＠○○○○円×○○個＝○○○万円
　　　　　　　　　・・・・・・
　　　売上高合計　　　　　　　　　　　　　　　　　　　　○○○○万円

※2　・・・・・・

※3　・・・・・・

> 新商品、サービス投入の記入の際には、事業戦略、実行スケジュールとの整合性に注意

※4　役務収益　　○○測定、解析：＠○○○○円×○○件＝○○○万円
　　　　　　　　　新サービス　　：＠○○○○円×○○件＝○○○万円
　　　商品売上高　(本店)
　　　　　　　　　既存A商品　　：　＠○○○○円×○○個＝○○○万円
　　　　　　　　　既存B商品　　：　＠○○○○円×○○個＝○○○万円
　　　　　　　　　新規C商品　　：　＠○○○○円×○○個＝○○○万円
　　　　　　　　　・・・・・・
　　　　　　　　　本店商品売上高計　　　　　　　　　　　○○○○万円

119

> 代理店制度スタート、事業戦略、実行スケジュールとの整合性に注意

(代理店甲)
既存A商品　：　@○○○○円×○○個＝○○○万円
既存B商品　：　@○○○○円×○○個＝○○○万円
新規C商品　：　@○○○○円×○○個＝○○○万円
・・・・・・
代理店甲商品売上高計　　　　　○○○○万円
売上高合計　　　　　　　　　　○○○○万円

※5　役務収益　○○測定、解析：@○○○○円×○○件＝○○○万円
　　　　　　　　新サービス　　：@○○○○円×○○件＝○○○万円
　　商品売上高　(本店)
　　　　　既存A商品　：　@○○○○円×○○個＝○○○万円
　　　　　既存B商品　：　@○○○○円×○○個＝○○○万円
　　　　　新規C商品　：　@○○○○円×○○個＝○○○万円
　　　　　新規D商品　：　@○○○○円×○○個＝○○○万円
　　　　　・・・・・・
　　　　　売上高合計　　　　　　　　　○○○○万円
　　　　　(代理店甲)
　　　　　既存A商品　：　@○○○○円×○○個＝○○○万円
　　　　　既存B商品　：　@○○○○円×○○個＝○○○万円
　　　　　新規C商品　：　@○○○○円×○○個＝○○○万円
　　　　　・・・・・・
　　　　　代理店甲商品売上高計　　　　○○○○万円
　　　　　(代理店乙)
　　　　　既存A商品　：　@○○○○円×○○個＝○○○万円
　　　　　既存B商品　：　@○○○○円×○○個＝○○○万円
　　　　　新規C商品　：　@○○○○円×○○個＝○○○万円
　　　　　・・・・・・
　　　　　代理店乙商品売上高計　　　　○○○○万円
　　売上高合計　　　　　　　　　　　　○○○○万円

> 計画最終年度の売上高。経営ビジョンの目標売上高と一致する

各種事業計画の作成 第3章

(2) 損益計画（中期損益計画、計画初年度月次計画）

（事業計画作成の基本　P42、43参照）

(3) 資金計画、設備投資計画

（事業計画作成の基本　P52、54参照）

(4) 資金繰り計画

（事業計画作成の基本　P56参照）

<5> 実　行　計　画

(1) 組織・人員計画

（事業計画作成の基本　P68参照）

(2) 実行スケジュール

（事業計画作成の基本　P70参照）

❷ 海外展開のための事業計画書〜海外展開事業計画〜

①目的
◆成長のための新市場開拓が主目的

　日本国内は少子化の影響もあり、その市場規模は縮小傾向にあります。そこで現状を打開し企業を成長させるために、海外市場に目を向けることも有効な選択肢となります。

　ただし、ヒト・カネ・モノ・情報などの経営資源の乏しい中小企業にとっては、その進出は容易ではありません。撤退の際の損害も大きなものになると想定されるため、各種の専門家とも連携しながら成功のための方策を慎重に検討する必要があります。

　「海外展開事業計画」は、海外進出を成功させるために、具体的な行動計画を整理するとともに資金調達を行う目的で策定します。

◆資金調達が重要

　海外進出の場合には、市場調査のためなど通常、国内の事業より資金が多くかかることが見込まれます。また、国内に比べ情報が不足しているため思わぬ事態により出費がかさむことも想定され、余裕を持った資金調達が望まれます。事業計画には、運転資金も含め、必要資金をできる限り正確に見積もる役割があります。

②特徴および留意事項
◆情報の収集がカギ。リスク対応策をあらかじめ検討

　通常、海外進出の場合には国内と比べ進出先の情報が乏しいため、顧客ニーズや競合の状況などの市場調査を入念に行う必要があります。また進出先国の法規制や政治的な問題など、海外進出特有のリスクが存在します。事業計画の実現可能性を高めるため、それらのリスクを識別し、対応策を含めてあらかじめ事業計画において検討する必要があります。

◆国内での予備調査ののち、現地調査を行う

　海外進出の際には、国内において予備的な調査を行った後、実際に現

地に出向いて現地調査を行います。現地の法律事務所などの提携予定先との打合せも行い、現地の各種の情報を入手します。

◆担当する社員、現地での協力者がいることが前提

　人材を現地で採用するにしても、日本から現地に出向し管理する社員がいなければ成功は困難です。信頼して任せられる人物がいることは海外進出の大前提です。また、現地での法律専門家や取引先となる販売代理店など、現地での信頼できるビジネスパートナーの存在も必須です。人材が重要なのは特に海外進出時には限りませんが、経営者の目が届きにくい海外事業所では不正なども起こりがちですので、人員の配置には十分に留意します。

◆JETRO（ジェトロ）など専門機関の利用

　海外進出の際の情報不足、ノウハウ不足を補うために、専門家へ相談することも有効な手段となります。

　JETRO（日本貿易振興機構）は、貿易の振興や調査研究などを通して貿易の拡大や経済協力の促進に寄与することを目的とする経済産業省管轄の独立行政法人で、中小企業などの海外展開支援も行っています。海外にも多くの拠点をもっていて、海外進出予定企業からの相談に応じるだけでなく、進出後においてもさまざまな支援を行っています。海外展開を志したら、最寄りのジェトロの事務所に事前に相談するとよいでしょう。

〈参考〉ジェトロ総合案内（東京）
Tel：03-3582-5511
受付時間：9時00分～12時00分/13時00分～17時00分
土曜・日曜・祝日・年末年始を除く
（各都道府県、海外に事務所があります）
ホームページ　https://www.jetro.go.jp/

※海外展開事業計画策定の流れ

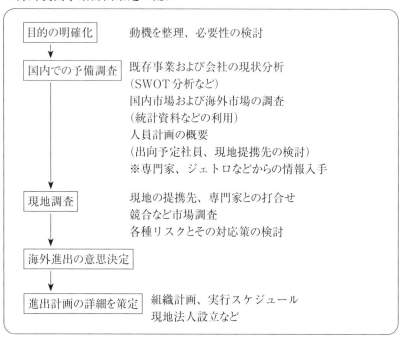

③計画策定のポイント

　ア．動機
◆なぜ海外進出を行うのか。明確でない場合は国内での展開を検討

　創業計画と同様、新事業を始めるにあたっての動機は、事業計画の説得力を高めます。海外進出を志した背景、その市場を選択した理由などを含めて、動機を整理して記載します。

　特に、コストをかけリスクを冒してまで、なぜ海外で事業を行う方がよいと考えたのか、国内市場よりも進出先の国の市場の方がよいと考えた理由を明確にします。理由が明確でない場合には、再度国内市場での事業展開を検討します。

イ．目標、ビジョン
◆目標は、期限を決めて数値で具体的に
　目標の設定は、測定可能な数値などにより具体的に行う必要があります。例えば「○年までに対象市場でのシェア○％を目指す」など具体的な数値目標として設定します。

　海外進出にはリスクがつきものですので、国内の事業への影響を抑えるため撤退の判断をせざるを得ない場合もあります。数値目標や期限は、撤退の際の判断基準としても機能することとなります。

ウ．SWOT分析：特に外部環境としての海外市場の状況
◆海外市場進出に向けた、機会・脅威・強み・弱みの抽出
　外部環境については海外市場における潜在的ニーズなどを機会として抽出し、内部環境分析により抽出した自社の製品の特長や技術力などの強みによりそのニーズを満たすことができるかなどについて検討します。また、海外市場特有のリスクを脅威として識別します。

◆内部環境分析では、人材に留意。人材の手当てがつかないときは計画の中止も検討
　内部環境分析においては、自社の製品などの強みなどの分析以外に、会社全体の状況として、海外進出により分散する経営資源の影響など日本国内の本体への影響も考慮します。既存事業の財務内容や資金繰りの状況などとともに、自社の社員の状況についても分析します。海外事業の管理を任せられる人材がいるかどうか、およびその人材が日本を離れた場合の会社への影響についての判断は重要です。また、特に進出当初はさまざまな問題が噴出することも考えられるため、管理者は海外事業に専念できる必要があります。安易に国内事業と海外事業の兼任などとせず、人材の手当てがつかないときは、進出計画を中止する判断も必要です。

エ．海外における特有のリスクへの対応策の検討

◆想定されるリスクへの対応策についてあらかじめ検討する。対応策がなければ中止も視野に

　SWOT分析により抽出した脅威のうち、特に海外市場特有のリスクについては、あらかじめ慎重に対応策を検討しておくことが重要です。

　有効な対応策がなくリスクが高いと思われる場合には、進出の是非も含めて再検討します。進出した後の撤退は大きなコストがかかることが予想され、本体の事業継続にも少なからず影響する場合があるので、慎重に検討します。

【海外市場特有のリスク】

- 法規制
- 政治的な状況
- 為替の変動リスク
- 言語や商習慣などの文化的なリスク
- 競合などの市場リスク
- 訴訟リスク
  など

オ．進出形態の検討

◆支店、現地法人設立、現地企業との提携、どれにするか

　海外に進出する場合、支店を設置して直接事業を行う方法、現地法人を設立する方法、現地法人と提携し代理店契約などの契約をする方法、製品などを直接輸出する方法が考えられます。

　それぞれのメリット・デメリットを考えた上で選択します。

【各方法のメリット・デメリット】

	メリット	デメリット
支店設置	●経営状況の把握が容易 ●現地法人よりはコストが少ない	●国内本社が直接訴訟を受けるリスクがある ●国内本社の業績に直接影響する
現地法人設立	●支店形態に比べ、訴訟リスクが国内本社に及びにくい ●業績区分が明確で、撤退もしやすい	●現地での法人設立コスト、法人運営コストがかかる
提携 (代理店など)	●現地の提携先から、現地の情報を得やすい ●支店、現地法人に比べ管理コストが少ない	●提携先の統制が難しい ●代理店手数料などのコストがかかる
製品等の輸出	●現地での管理コストがかからない	●販促などの営業手段が限定される ●アフターサービスなどが行き届かない

カ．資金計画、損益計画、資金繰り計画の作成

◆**損益計画は保守的に。黒字化が難しそうであれば進出計画自体を見直す必要あり**

　あらかじめ駐在員事務所や現地法人がある中小企業は少なく、通常、海外進出に関する情報は、日本国内で事業を行うことに比べ圧倒的に少なくなります。

　信頼のおけるパートナーからの情報だとしても、経営者自身が実際に見て経験した情報でなければ、事業に使いたい情報の精度としては格段に落ちることになります。

　甘い損益の見積りは資金不足につながります。撤退を余儀なくされた場合に蒙る損失を考え、売上計画をはじめとする損益計画は特に厳しめに設定しましょう。

◆資金計画は余裕をもって作成。進出リスクを想定

　損益計画を作成した後、資金繰り計画を作成します。見積もった運転資金を含めて、資金計画は金額的に余裕をもって作成します。海外においては想定しないコストがかかるリスクは国内より多いと考えられます。予備のコストを多めに設定した上で、進出の是非についても再検討します。

◆撤退ラインを決める

　海外進出に限りませんが、事業の撤退ラインを決めておくことは、事業継続のため重要です。特に海外進出の場合には国内からのコントロールが難しいため、厳しくなった事業の立て直しも困難です。

　したがって、例えば「5年後に目標売上高の8割に満たなければ撤退する」「追加の資金が○○円必要になった時点で撤退する」などの具体的な基準を決めておくとよいでしょう。

キ．現地における市場調査

◆事前に現地調査を行う。進出の判断は慎重に

　上記カまでは、主に日本国内において行う調査ですが、計画の概要を作成したら、実際に現地で調査を行います。大手企業のように現地に駐在員事務所を設けて入念な調査をできれば理想的ですが、コストと時間の問題があります。現地の提携先や法律事務所、ジェトロなどの専門機関の支援を受けて調査を進めます。

　一定期間の現地での調査の結果、進出リスクへの対応が困難な場合や、現地市場での競合調査およびテストマーケティングの結果、事前に計画した内容が実現できるという手ごたえがなければ進出すべきではありません。

　海外進出の場合には、国内に比べ大きな投資が必要となるため、失敗すると企業の存続にもかかわります。調査にある程度時間をかけてでも慎重な判断を行うことが重要です。

④海外展開事業計画書の記載例

海外進出の際の事業計画として日本政策金融公庫の「海外展開・事業再編資金（企業活力強化貸付）」を利用する際に必要な「海外展開事業計画書」がありますので、記載例を掲載します。日本政策金融公庫の記載例では、遵守事項の確認に重きを置いたとても簡単な書式になっています。

詳細な計画を策定する際には、通常の事業計画と同様に、例えば以下のように項目を追加するようにします（1～3の項目名は日本政策金融公庫の書式と同様にしています）。

1. 海外展開事業の概要
    - 現状分析（SWOT分析などによる、現状の経営課題の抽出）
    - 進出する背景（経営課題に対応するための方策、日本国内および現地の市場の状況）
2. 売上目標
    - 売上計画（3～5年間の製品・市場ごとの売上計画）
    - 損益計画（3～5年間の海外事業の損益計画）
3. 資金使途
    - 今回の資金使途
    - 海外事業全体の資金計画、資金繰り計画
4. 想定されるリスクと対応策
5. 実行計画
    - 人員（組織）計画
    - 実行スケジュール

◆記載例の概要

以下の記載例は、創業から順調に売上高を伸ばしてきた成長期にある健康食品の製造販売を行う会社を想定して作成したものです。

さらなる売上高の増加を狙うため、また、将来の需要の伸び悩みなど、国内市場の不確実性に対応するため、海外進出に活路を見出すこととしています。

令和7年3月1日

株式会社日本政策金融公庫　　御中
　（国民生活事業）

ご署名またはゴム印（社判）を押捺ください。

住　　　所　　長野県○○市1-2-3
商号又は名称　（株）○○○
代 表 者 名　　○○○○

海外展開事業計画書

(新展開関連／ＥＰＡ・ＦＴＡ関連／新規輸出1万者支援プログラム関連)

１．海外展開事業の概要

進出国（都市）	韓国
計画概要・進出する背景	【会社概要】 ・設立　　平成○年○月 ・資本金　　1000万円 ・事業内容　健康食品の製造販売 ・従業員数　10名 ・売上高 | 令和7年3月期（予測） | 253,389千円 | | 令和6年3月期（実績） | 232,576千円 | | 令和5年3月期（実績） | 203,587千円 | 【計画概要】 ・令和8年3月　○○地区に現地法人を設立、倉庫兼事務所を賃借 ・令和8年6月　代理店、インターネットにより販売開始 ・令和9年4月　○○地区において店舗を賃借　店舗販売開始 【進出する背景】 ＜国内の市場環境＞ ・○○○の調査報告によれば、日本の健康食品市場は緩やかに上昇を続けているが、人口減少が進む状況では長期的には市場が縮小に転じる可能性もある。加えて近い将来大手企業の参入などで国内市場の競争も激化してくることも考えられる。 ＜海外の市場環境＞ ・海外向けのサプリメント市場はアジアを中心に目覚ましい成長を遂げており、今後も拡大していくと予測されている。また、日本のトクホ商品や栄養機能食品は、科学的にも法的にも合理性が高く、国際的に十分通用すると考えられている。 （ファイナンス2024　2月号　財務省） ＜当社の成長戦略＞ ・当社の主力商品である○○○○の売上高は、発売以来順調に伸びてきてはいるが、さらなる売り上げの増加と事業規模の拡大のために、成長期にある現商品を、新たな海外市場に投入する新市場開拓戦略を検討している。 ＜韓国市場への進出＞ ・当社としては、アジア進出の足掛かりとして令和○年○月に韓国に駐在員事務

（吹き出し）進出する動機などを、市場などの外部環境、自社の経営課題と結び付けて記載（なぜ今海外に進出する必要があるのか、国内よりも海外を選んだ理由がわかるように）

所を設けて市場調査を行うとともに、代表者の知人が経営する韓国企業の協力の下、テストマーケティングを行ってきた。それらの状況から現地での事業化の目途が付いたため、企業のさらなる成長を目指し、韓国に現地法人を設立して本格的に進出したいと考えている。

２．売上目標

> 3年目の売上計画の合計を記載（詳細な売上計画、損益計画を別途作成）

(単位：千円)

計画に係る指標	計画期間（注）終了後の売上予測
売上高	50,000
	（令和8年3月期 ～令和10年3月期）

（注）計画期間は3年間を目安としてください。

３．資金使途（今回の資金使途にかかる内容をすべて記入してください。） (単位：千円)

資金使途	金額
仕入資金	4,000
事務所・倉庫開設費	1,000
店舗開設費	5,000

> 遵守事項を確認のうえ、チェック

> 資金計画のうち公庫融資分を記載（進出資金全体の計画、資金繰り計画も別途作成）

４．その他

☑ 下記記載事項を確認し、理解しました。

本計画書に基づき、公庫から海外展開・事業再編資金（企業活力強化貸付）にかかる次の利率低減措置を受けた場合は、該当する遵守事項を遵守します。
- 新展開関連（海外生産委託または海外販売強化を新たに行う（海外展開後5年以内の場合を含む。）場合）を適用する方 … 遵守事項（1）および（2）
- ＥＰＡ・ＦＴＡ関連（日本と経済連携協定（ＥＰＡ）または自由貿易協定（ＦＴＡ）を発効または署名している国において海外展開事業を行う場合）を適用する方 … 遵守事項（3）
- 新規輸出1万者支援プログラム関連（「新展開関連」および「ＥＰＡ・ＦＴＡ関連」に該当する場合であって、「新規輸出1万者支援プログラム」の登録者であるとき）を適用する方 … 遵守事項（1）、（2）および（3）

【遵守事項】
（1）海外展開事業を開始してから5年以内であり、項番3に記載した資金を使用すること。
（2）融資日からおおむね1年経過後に、公庫に提出した事業計画書の進捗状況を報告し、また、調査に必要な便益を提供すること。
（3）項番1に記載された国における海外展開事業において項番3に記載した資金を使用すること。

(R6.2)

〈参考〉海外展開・事業再編資金の概要

利用条件	経済の構造的変化等に適応するために海外展開することが経営上必要であり、かつ、次の1～3のすべてに該当 1 開始または拡大しようとする海外展開事業が、当該中小企業の本邦内における事業の延長と認められる程度の規模を有するものであること 2 本邦内において、事業活動拠点（本社）が存続すること 3 経営革新の一環として、海外市場での取引を進めようとするもので、次の（1）～（4）のいずれかに該当すること 　（1）取引先の海外進出に伴い、海外展開すること 　（2）原材料の供給事情により、海外進出すること 　（3）労働力不足により、海外進出すること 　（4）国内市場の縮小により、海外市場の開拓・確保によらないと成長が見込めないため海外展開すること
資金使途	当該事業を行うために必要な設備資金および運転資金
融資限度額	7,200万円（うち運転資金4,800万円）
返済期間	設備資金　20年以内（うち据置期間2年以内） 運転資金　7年以内（うち据置期間2年以内） ただし、海外企業への転貸資金であって、進出国の資本規制により事業者が転貸資金を長期間にわたり回収できない場合その他真にやむを得ない事情がある場合に限り、以下の返済期間が適用 設備資金　20年以内（うち据置期間5年以内） 運転資金　10年以内（うち据置期間5年以内）
利率（年）	基準利率 ただし、以下の条件に該当する場合はそれぞれの利率 1 日本と経済連携協定（EPA）または自由貿易協定（FTA）を発効または署名している国において海外展開事業を行う場合、特別利率※B 2 海外直接投資を行う方であって、利益率や本邦内の雇用維持など一定の要件を満たす場合、特別利率B 3 海外生産委託または海外販売強化を新たに行う場合（海外展開後5年以内の場合を含む）、特別利率A 4 日本と経済連携協定（EPA）または自由貿易協定（FTA）を発効または署名している国において海外展開事業を行う方であって、かつ、海外生産委託または海外販売強化を新たに行う方（海外展開後5年以内の場合を含む）のうち、「新規輸出1万者支援プログラム」への登録を行っている場合、特別利率C

※特別利率：通常の利率より優遇された低い利率。要件によりA～Cまでの異なる利率が適用される。

Ⅲ 成熟期の事業計画

◆経営管理の向上だけでなく、新事業への取組みなど再度成長軌道に乗せる事業計画も必要

　成熟期においては、企業は安定稼働に入り資金繰りも安定してきます。人事制度の充実や、利益率の向上を目指した経営管理面の改善を図っていくのもこの時期です。「経営力向上計画」は労働生産性の向上を図るための計画ですから、成長期から成熟期に入った企業の経営力を向上させるきっかけとしてもよいかもしれません。

　一方で、現在好調な事業も、競合の台頭などにより好業績はいつまでも続くとは限りません。新たな事業への取組みを行わなければ、いずれ衰退期へと向かってしまうことになります。成熟期の企業を再び成長路線へと向かわせるための事業計画のひとつとして、「経営革新計画」を取り上げます。

❶ 中小企業経営力強化関連の事業計画〜経営力向上計画〜

①目的

◆主に労働生産性向上のための計画。認定により金融・税制の支援がある

　「経営力向上計画」は、人材育成、コスト管理の向上、設備投資などを通じ、労働生産性などの向上を図り、企業の経営力を向上する目的で実施される計画です。中小企業等経営強化法に基づく認定を受けた場合には税制や金融の支援を受けられることがあります。

　また、計画申請手続きに関し、認定支援機関のサポートを受けることができます。

※認定支援機関とは
◆経営支援の専門家として国が認定した機関

　認定支援機関とは「認定経営革新等支援機関」の略称で、「中小企業等経営力強化法」に基づき、中小企業の経営支援を行うため、一定以上の専門的知識や実務経験を有する者として、国が認定した機関です。

　日頃中小企業の経営者とのかかわりの多い金融機関、公認会計士、税理士、中小企業診断士などが、実務における知識と経験を生かして中小企業を支援する目的で認定を受けています。

②特徴および留意事項
◆労働生産性向上を中心とした具体的な実施計画。中期経営計画等との整合性に注意

　経営力向上計画は、中小企業庁の定める「事業分野別指針」に基づき策定されますが、事業分野別指針が定められていない事業分野については「基本方針」に基づき策定します。

　経営力向上の目標およびその程度を示す指標については、事業別分野指針に従う場合には「労働生産性」または指定された指標について、基本方針に従う場合には「労働生産性」の指標を達成する計画とします。

　中期経営計画のように企業の経営全般の計画を作成するのではなく、「労働生産性の向上」を中心として、その具体的な方策を検討するところに特徴があります。

　達成のために取り組むべき事項については、業種ごとに「事業分野別指針」に記載があるため、参考にしながら計画を策定することができます。

　この計画書について中小企業等経営強化法に基づく認定を受ける際には、中期経営計画のような企業全体の基本計画の提出は求められていません。ただし、経営の安定や成長のため、基本的な事業計画である通常の中期経営計画を作成した上で、その計画と整合性のある経営力向上計画を作成するのが好ましいと言えるでしょう。

> 労働生産性＝（営業利益＋人件費＋減価償却費）÷労働投入量※

※労働者数または労働者数×1人当たり年間就業時間
(中小企業庁「経営力向上計画策定の手引き」(以下「手引き」とします）より)

③計画策定のポイント

ア．自社の現状を分析する

◆財務状況の分析は経済産業省の提供する「ローカルベンチマーク」というツールで行う

　他の事業計画と同様、まず自社の置かれている状況を分析します。自社の商品・サービスについて対象とする顧客および市場の動向、競合の動向等について調査および分析を行います。

　また中小企業庁の手引きによれば、自社の経営状況については「ローカルベンチマーク」という経済産業省の提供する分析ツールを活用し、記載することになっています。経済産業省のホームページでツールを公開しており、エクセルの表に会社情報および決算数値等を入力して作成することができるようになっています。

　基本的には、第2章でも記載した財務分析の指標（P62参照）のうちの一部を使用しているものですが、中小企業等経営強化法に基づく認定申請の際には、「ローカルベンチマーク」を利用する方がスムーズでしょう。

【ローカルベンチマークの指標】

・売上高増加率
・営業利益率
・労働生産性
・EBITDA（有利子負債倍率）
・営業運転資本回転率
・自己資本比率

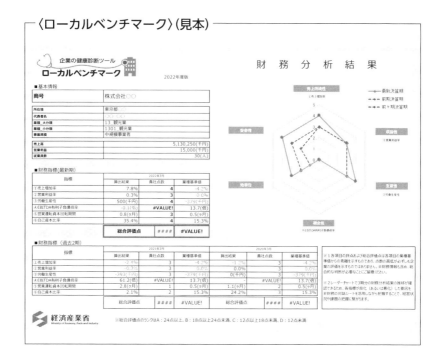

イ．経営課題の抽出
◆労働生産性の向上を阻害する要因を抽出

　自社の状況の分析結果に応じ、労働生産性向上を阻害している要因を具体的に検討します。

　手引きの記載例では、「社員の定着率の低さ」「保有設備の老朽化」などが記載されています。

ウ．経営力向上計画の対象とする指標の選択
◆業種により指標が異なる

　経営力向上計画は中小企業庁の定める業種ごとの事業分野別指針または基本方針のいずれかに沿った計画を策定するため、その指標を選択する必要があります。

エ．具体的な実施事項についての検討

各種事業計画の作成　第3章

◆業種ごとの「事業別分野指針」に沿った具体的な実施事項を検討する

　経済産業省が提供する「事業別分野指針」に業種ごとの実施項目が記載されています。一からすべて考えるより実施項目や改善案を検討しやすくなっており、経営力向上のためのヒントとして利用できます。

　なお申請書には、該当実施項目を記載した上で、具体的な取組みを記載することになっています。

〈事業別分野指針の概要の例示〉（経済産業省）

1）製造業

1．製造業の指針【現状認識・課題、目標】　経済産業省 製造産業局 総務課
経済産業省、財務省、厚生労働省、農林水産省、国土交通省

【現状認識】
- 製造業については、国内生産額は2000年代は80兆円程度から100兆円を超えるまでに増加。2009年のリーマンショックで大幅に低下したものの、その後、110兆円を超えるまでに増加している。
- 他方で、国内外の競争環境の変化、地政学的リスクの高まり、新型コロナウイルス感染症拡大等の影響により、事業を取り巻く環境変化を予測することが困難に。この不確実性の高まりに対応するため、企業変革力を強化することが重要。

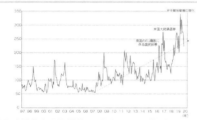

【業界が抱える課題】
・国内外の競争力環境の変化、地政学的リスクの高まり、急激な気候変動、大規模な自然災害、非連続な技術革新及び新型コロナウイルス感染症拡大等の影響により事業を取り巻く環境変化を予測することが困難に。

・企業変革力が今後の競争力の源泉となる中で、これを実現するために有効な、製造業におけるデータ収集、データを活用したマーケティング及び各工程間連携等のデジタル化などが十分に進んでいない。

【目標とする指標及び数値】
- ①労働生産性 or
- ②売上高経常利益率 or
- ③付加価値額
（事業形態に応じ一つ選択）

- 3年計画+1%（①,③）、+3%（②）以上
- 4年計画+1.5%（①,③）、+4%（②）以上
- 5年計画+2%（①,③）、+5%（②）以上

137

1．製造業の指針【実施事項について】

● デジタル技術を活用して競争力の源泉たる「企業変革力」を強化することが重要。

自社の強みを直接支える項目

イ．従業員等に関する事項
（1）組織の活力の向上による人材の有効活用
（2）多能工化及び機械の多台持ちの推進
（3）継続的な改善提案の奨励

ロ．製品・製造工程に関する事項
（1）実際原価の把握とこれを踏まえた値付けの実行
（2）製品の設計、開発、製造及び販売の各工程を通じた費用の管理

ハ．標準化、知的財産権等に関する事項
（1）異なる製品間の部品や原材料等の共通化
（2）暗黙知の形式知化
（3）知的財産権等の保護の強化

ニ．営業活動に関する事項
（1）営業活動から得られた顧客の要望等の製品企画、設計、開発等への反映
（2）海外の顧客に対応出来る営業及び販売体制の構築
（3）他の事業者と連携した製造体制の構築等による受注機会の増大

自社の強みをさらに伸ばす項目

ホ．設備投資並びにロボット及びＩＴの導入等に関する事項
（1）設備投資
（2）ロボットの導入又は増設
（3）ＩＴの導入
（4）設備投資等が製品の品質及び製品一単位当たりの製造費用に大きな影響を及ぼす分野に関する留意事項（鉄鋼、化学、電子・電気、重機、航空・宇宙、医療機器等）

ヘ．省エネルギーの推進に関する事項
エネルギー使用量の把握、設備の稼働時間の調整及び最適な管理の実施、省エネルギー設備の導入、エネルギー管理体制の構築 等

ト．経営資源の組合せ
現に有する経営資源及び他の事業者から取得し又は提供された経営資源を有効に組み合わせて一体的に活用

小規模製造業（20人以下）	中規模製造業（21～500人以下）	中堅製造業（501～2000人以下）
イ（1）～ニ（3）から1項目以上 ※ 上記に加え、ホ（1）～トの1項目以上にも取り組むことを推奨	イ（1）～ニ（3）から2項目以上 ホ（1）～トから1項目以上	イ（1）～ニ（3）から3項目以上 ホ（1）～トから2項目以上

2）卸・小売業

2．卸・小売業の指針【現状認識・課題、目標】

経済産業省 消費・流通政策課 中小企業庁 商業課、経済産業省、財務省、農林水産省、厚生労働省、環境省

【現状認識】

● 卸売業においては、小売店の減少等による市場規模の縮小、有力卸売企業間による合併統合などによる寡占化の進展等により、厳しい経営環境に直面。

● 小売業においては、少子化等の影響により事業所数は大きく減少している一方で、SPA（製造小売）やEC（電子商取引）の進展など、プレーヤーが多様化。

● 他方、訪日外国人需要の増加や海外展開の進展など新たな需要を取り込む動きが見られる。また、今後、データ活用等により消費者の需要を取り込むための様々な工夫が必要。

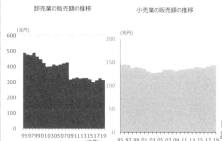

【業界が抱える課題】
・卸売業における市場規模の縮小への対応。
・小売業における人手不足への対応や国内外の新たな需要の取り込み。
・ITやデータ活用等の技術導入の促進。

【目標とする指標及び数値】
計画期間*の労働生産性の伸び率＋2％以上
（*5年間の場合）

138

各種事業計画の作成　第3章

2．卸・小売業の指針【実施事項について】

● 自らの強み、周囲の環境に立脚した差別化されたビジネスモデルを構築し続けていくことが重要。付加価値を創出するために自社の強みである分野に経営資本を集中するとともに、それ以外については、IT等を活用して効率化を図ることが有効。

①まずは、自社の置かれた環境を把握し、強み・弱みを認識するため、自社の経営状態等の見える化（経営状態の把握）を行う。

②その上で、必要な作業内容及びその手法を精査し、付加価値を生まない作業を省力化するため、受発注システム等のＩＴ等の利用を行う。

③これらの省力化を通じて生じた資金や従業員の余力を、差別化による付加価値創出に活用するため、営業活動・人材育成の強化を行う。その際、ＩＴ等の利用を通じて得られたデータを、顧客のニーズ把握や適時適切な商品・サービス提供に活用することが重要。

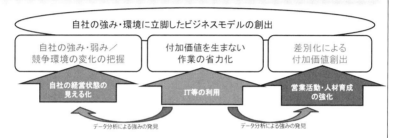

3）医療分野

5．医療分野の経営力向上に関する指針

厚生労働省
医政局医療経営支援課

【現状認識】
● 高齢化が進む中で、国民医療費は増大。
（平成30年度：約43兆円）
● 医療サービスは人が支えるサービス。医療等従事者の勤務環境には配慮する必要がある。

【業界が抱える課題】
● 保険診療は公定価格で行われるため、医療機関の収入増を目指すに当たっては一定の制約がある
● 医療等従事者の勤務環境について、医療等従事者の働き方の希望や健康面に十分配慮する必要がある

【経営力向上に関する基本的な考え方】
　現に有する経営資源又は他の事業者から取得した若しくは提供された経営資源に関し、他の医療機関等との機能分化・業務連携等を通じて、医療サービスの質の確保、向上を実現し、事業の継続及び安定を進めることが重要

【目標とする指標】
● 医療等従事者の離職率の引下げ、勤続年数の長期化、定着率の引上げ、利用者満足度の向上
● ICTの活用等によるコストの削減
等

【実施事項（病院の例（一部））】

コストの把握・効率化に関する事項	・近隣の医療機関等と連携した医療材料・医薬品の共同購入 ・バックオフィス業務におけるICTツールの利活用等
人材に関する事項	・働き方の希望に応じた人事配置 ・勤続年数及び定着率の引上げ、離職率の引下げ ・医療勤務環境改善支援センターの利用 ・離職した看護職員の積極採用、ワークシェア制度の導入 ・高度専門職の仕事の棚卸し ・研修等への参加機会の確保
ICT投資、設備投資及び省エネルギー投資に関する事項	・電子カルテ等のICTの利活用 ・地域にある他の病院等とのデータ共有 ・臨床研究・臨床効果データベース構築への協力 ・ICTを利活用するための人材の確保、セキュリティ対策の実施　等

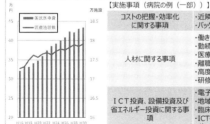

④経営力向上計画の承認と支援措置

　ア．計画の承認申請の流れ（中小企業庁「経営力向上計画策定の手引き」より）

各種支援措置（税制、金融、法的）に関する要件の確認
- 支援措置により要件が異なるため、「支援措置活用の手引き」（中小企業庁）等により要件を確認

↓

経営力向上計画の策定
- 「日本標準産業分類」で該当する事業分野を確認
- 事業分野に対応する事業分野別指針を確認
- 事業分野別指針（または基本方針）を踏まえて経営力向上計画の策定

↓

経営力向上計画の申請・認定
- 各事業分野の主務大臣に計画申請書（必要書類を添付）を提出
- 認定された場合、主務大臣から計画認定書と計画申請書の写しが交付される（申請から認定まで約30日、複数省庁にまたがる場合には45日かかる。電子申請かつ経済産業部局あてのみの場合には約14日に短縮）

↓

経営力向上計画の開始、取組みの実行
- 各種支援措置を受け、経営力向上設備の取得など、経営力向上のための取組みを実行

　イ．金融・税制の支援措置

制度	概要
中小企業経営力強化資金（日本政策金融公庫国民生活事業）	対象者 ● 新たに事業を始める、または事業開始後おおむね7年以内の中小企業者（新たに営もうとする事業について、適正な事業計画を策定しており、当該計画を遂行する能力が十分あると認められる場合に限る）

各種事業計画の作成 第3章

融資	要件
	●「中小企業の会計に関する基本要領」または「中小企業の会計に関する指針」を適用しているまたは適用予定であって、自ら事業計画書の策定を行い、中小企業等経営強化法に定める認定経営革新等支援機関による指導および助言を受けていること
	融資限度額
	7,200万円（うち運転資金は4,800万円） ※一定の要件のもとに金利の優遇が受けられる。
税制	中小企業経営強化税制
	対象者
	●中小企業等経営強化法に基づく経営力向上計画の認定を受け、一定の生産性向上設備、収益力強化設備、デジタル化設備、経営資源集約化設備を取得した一定の中小企業
	対象期間
	●令和9年3月までの取得（令和7年度税制改正法案）
	対象設備
	●機械装置（160万円以上） ●工具（30万円以上） ●器具備品（30万円以上） ●建物付属設備（60万円以上） ●ソフトウェア（70万円以上）
	優遇措置
	●即時償却または10％税額控除（資本金3,000万円超1億円以下の法人は7％）

（注）各種支援措置を受ける際にはそれぞれ審査があります。計画の承認は支援措置を保証するものではありません。

⑤経営力向上計画書の記載例
◆手引きを利用する。計画の骨子（現状分析→目標の設定→具体的対策・実行計画）を検討してから作成

　経営力向上計画の認定申請書の作成にあたっては中小企業庁のサイトに掲載されている「経営力向上計画策定の手引き」および「中小企業等経営強化法に基づく支援措置活用の手引き」を参照します。

様式や作成方法が詳しく記載されていますので、参考にしながら作成します。
tebiki_keieiryoku.pdf
tebiki_zeiseikinyu.pdf

なお、記載例は、医療機関の経営力向上計画を想定していますが、他の業種でも作成のための骨子は同様です。
事業計画策定の基本通り、現状分析、目標の設定、具体的対策の順に検討した結果を、経営力向上計画に織り込みました。
　ア．現状分析
　●提供するサービス、顧客、市場の状況
　●ローカルベンチマークによる分析
　●経営課題の抽出
　●SWOT分析（「強み」「弱み」「機会」「脅威」の抽出）
　イ．目標の設定
　●労働生産性の向上（目標値の設定）
　●収益向上策の検討
　ウ．具体的方策・実行計画
　●○○診断装置の導入
　●病診連携
　●勤務体系等の見直し

◆記載例の概要
　記載例は、地域に密着して長年運営してきた成熟期にある医療機関を想定して作成したものです。
　売上高が伸び悩んでいる現状から脱し、また、設備の老朽化および人手不足を克服して、労働生産性を高め、経営力を強化していくこととしています。導入する設備について、税制上の支援措置を受けることも想定しています。

〈経営力向上計画認定申請書の記載例〉

様式第1

　　　　　　　　　経営力向上計画に係る認定申請書

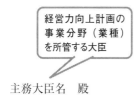

　　　　　　　　　　　　　　　　　　　　　　令和7年5月31日

主務大臣名　殿

　　　　　　　　　住　　　　所　〒123-4567
　　　　　　　　　　　　　　　　東京都○○区○○町1-2-3
　　　　　　　　　名　称　及　び　㈱○○○
　　　　　　　　　代表者の氏名　　○○　○○

　中小企業等経営強化法第17条第1項の規定に基づき、別紙の計画について認定を受けたいので申請します。

(別紙)
経営力向上計画

1 名称等

事業者の氏名又は名称　○○○内科
代表者の役職名及び氏名　院長　○○　○○
資本金又は出資の額　＿＿＿＿＿＿　常時使用する従業員の数　○○
法人番号　＿＿＿＿＿＿＿＿＿　設立年月日　平成○○年○月○日

2 事業分野と事業分野別指針名

事業分野：8322　無床診療所
事業分野別指針名：医療分野に係る中小企業経営等強化法第十八条第一項に規定する事業分野別指針

「日本標準産業分類」をもとに記載
中小企業庁のサイトなどで確認

3 実施時期

令和7年6月～　令和10年5月
3年、4年、5年のいずれかの期間を設定して記載

4 現状認識

①	自社の事業概要	○○内科(以下「当院」という。)を平成○○年に○○○駅前に開業し、○○○専門の内科医院(○○内科、○○内科)として診療を行っている。 製造業等、指針に規模別の指定がある場合には、該当する規模も記載
②	自社の商品・サービスが対象とする顧客・市場の動向、競合の動向	【自社の商品・サービス】 ○○○○専門医としての医療サービスを提供している。 【顧客】 主に○○区近辺の○○○○を受ける必要のある患者が中心。 【市場の動向】 近年、○○○○を受ける患者数は増加傾向にあり、当医院のある東京都○○区においてもその需要は多い。○○区における当医院のシェアは○○％程度と思われる。 【競合の動向】 ○○区内における内科クリニックは○○件存在している。その中で○○○○に特化しているクリニックは○○件ほどである。 【当院の強みと弱み】 当医院は院長の大学病院における長年にわたる経験を強みとし、○○専門スタッフとともに患者様に安心して頂ける医療の提供を続けている。 一方、増加する需要に対応する人材の育成及び確保の体制に弱みがある。少子高齢化の中、人材の採用は年々厳しさを増しており、今

詳細な現状分析をもとに、項目を分けて要点をわかりやすく記載。「強み」「弱み」も記載すると説得力が高まる

第3章 各種事業計画の作成

		後もその傾向は続くと思われる。
③	自社の経営状況	ローカルベンチマークの算出結果 （現状値）　　　　　　　　　　　　（計画終了時目標値） | 指標	算出結果	評点		指標	算出結果	評点 | |---|---|---|　　|---|---|---| | ①売上高増加率 | ○.○% | ○ |　　| ①売上高増加率 | ○.○% | ○ | | ②営業利益率 | ○.○% | ○ |　　| ②営業利益率 | ○.○% | ○ | | ③労働生産性 | ○○○（千円）| ○ |　| ③労働生産性 | ○○○（千円）| ○ | | ④EBITDA有利子負債倍率 | ○.○（倍）| ○ |　| ④EBITDA有利子負債倍率 | ○.○（倍）| ○ | | ⑤営業運転資本回転期間 | ○.○（ヶ月）| ○ |　| ⑤営業運転資本回転期間 | ○.○（ヶ月）| ○ | | ⑥自己資本比率 | ○○.○% | ○ |　　| ⑥自己資本比率 | ○○.○% | ○ | 医業収入は20○○年○月期243,075千円、20○○年○月期258,042千円と増加しているが、事業所得の金額は横ばいの状況が続いている。
④	経営課題	【人手不足の深刻化】 近年の深刻化する人手不足の中、当医院においても、人材の確保が困難となりつつある。今後、現状の医業収入及び所得を維持し、更に伸ばしていくためには、人材の確保とともに、少人数でも対応できるよう、労働生産性を向上させていくことが課題となる。 【保有設備の老朽化】 設備の一部について、導入後相当期間経過しているものが多くなってきており、入替えの必要性について検討を行っている。

※③への注釈：経済産業省の提供する分析ツール。概況も記載する
※④への注釈：①～③を踏まえて記載

5　経営力向上の目標及び経営力向上による経営の向上の程度を示す指標
※労働生産性を用いる場合は、「B計画終了時の目標」は正の値とすること。

指標の種類	A現状（数値）	B計画終了時の目標（数値）	伸び率（(B－A)／A）(%)
労働生産性	○○○千円	○○○千円	○.○%

6　経営力向上の内容
（1）現に有する経営資源

労働生産性＝（営業利益＋人件費＋減価償却費）÷労働投入量（労働者数または労働者数×1人当たり年間就業時間

＜目標伸び率＞
3年計画：1%、
4年計画1.5%、
5年計画：2%

（2）他の事業者から取得した又は提供された経営資源を利用する取組　　有　・　無

145

（3）具体的な実施事項

	事業分野別指針の該当箇所	事業承継等の種類	実施事項 （具体的な取組を記載）	実施期間	新事業活動への該非（該当する場合は○）
ア	ICT投資、設備投資及び省エネルギー投資に関する事項		【○○診断システムによる診断の精度向上及び医業収益の向上】 　○○診断システムを導入することにより、過去画像や正常画像との比較が容易となることにより診断の精度向上を図り、また、検査結果を出力し提供することにより患者さんとの診療情報の共有ができるようになる。それらに加えて、レントゲン検査にかかる放射線被ばく量を低減し、患者負担の少ない検査を提供できる。 　これらにより、患者さんの満足度の向上を図り、医業収益の向上につなげるための取組を行う。	○年○月 ○○診断システム導入 ○年○月 ○○診断システム運用開始	
イ	ICT投資、設備投資及び省エネルギー投資に関する事項		【○○システムを利用した情報共有による病診連携の実現】 　今後、病院と診療所の情報を共有して、それぞれの役割分担を踏まえた連携を図ることが重要となってくるが、○○診断システムの導入により、検査結果の統合管理や患者情報管理などのクリニック内の連携のみならず、クリニック外の基幹病院等との情報共有により、いわゆる病診連携を図ることができ、地域に根差した地域のかかりつけ医としての存在価値を高めたいと考えている。 　クリニック外の基幹病院等との情報共有による連携は初めて行う取り組みであり新事業活動に該当する。	○年○月 連携の合意 計画策定 ○年○月 統合管理システムの導入	○
ウ	人材に関する事項		【人材不足対策としての勤務シフト設定見直し等作業効率の向上】 　近年の人材不足の状態に対応し、人材確保に適した職場環境とするため、勤務シフト設定を見直すとともに、パート社員の採用など、雇用形態の多様化に対応するための取組を行う。 【医療等従事者の勤続年数及び定着率の引上げ、離職率の引下げ】 　業務フローを作成し業務の見直しを行う。業務規程・マニュアルを整備し、スタッフの教育訓練を行い業務の効率を上げる。 　これにより、スタッフの長時間労働をなくし、定着率の引上げ及び、離職率の引下	○年○月 パートタイマー規程を整備 ○年○月 業務フローの見直し、業務規程・マニュアルを整備	

※ 中小企業庁のサイトで該当する事業指針を確認
※ 経営力向上のための取組を具体的に記載
※ 新事業活動に該当する場合にはその理由を具体的に記載

各種事業計画の作成　第3章

		げを実現する。		

7　経営力向上を実施するために必要な資金の額及びその調達方法
(1)　具体的な資金の額及びその調達方法

実施事項	使途・用途	資金調達方法	金額（千円）
ア、イ	設備購入費用	自己資金	2,000

（6(3)具体的な実施事項の項目ごとの記号を記載）

（自己資金、融資、補助金、リース等を記載）

※7（2）以降の項目は、希望する支援措置に応じて記載。
(2)　純資産の額が零を超えること

純資産の合計額	

（中小企業信用保険法の特例による金融支援措置を希望する場合にのみ記載）

(3)　ＥＢＩＴＤＡ有利子負債倍率が10倍以内であること

ＥＢＩＴＤＡ有利子負債倍率	証明書等

（A:生産性向上設備、B収益力強化設備、Cデジタル化設備、D経営資源集約化設備（支援措置活用の手引き（中小企業庁）等で確認））

8　経営力向上設備等の種類

	実施事項	取得年月	利用を想定している支援措置	設備等の名称／型式	所在地
1	ア、	令和　年	Ａ・Ｂ・Ｃ・Ｄ	○○診断○○○○／○○診断○○○○　○○ I・○　○・○モデル	東京都○○区○○町1-2-3
2			Ａ・Ｂ・Ｃ・Ｄ		
3			Ａ・Ｂ・Ｃ・Ｄ		

（取得予定年月日）
（設備の設置予定地）

	設備等の種類	単価（千円）	数量	金額（千円）	証明書等の文書番号等
1	器具備品	2,000	1	2,000	○○○○○○○○
2					
3					

（「工業会等の証明書の整理番号」または、「経済産業局の確認書の文書番号」を記載）

147

設備等の種類別小計	設備等の種類	数量	金額（千円）
	機械装置		
	器具備品	1	2,000
	工具		
	建物附属設備		
	ソフトウエア		
合計		1	2,000

9　特定許認可等に基づく被承継等中小企業者等の地位

なし

> 事業承継等を行う場合、かつ、特定許認可等の承継を希望する場合に記載に記載

10　事業承継等事前調査に関する事項

事業承継等事前調査の種類	実施主体	実施内容

> 事業承継等を行う場合、かつ、中小企業事業再編投資損失準備金または経営力向上設備D類型の活用を希望する場合に記載

> 事業承継に伴う不動産取得税の軽減措置を希望する場合に記載

11　事業又は資産の譲受けにより取得する不動産の内容

（土地）

	実施事項	所在地番	地目	面積（㎡）	事業又は資産の譲受け元名
1					
2					
3					

（家屋）

	実施事項	所在家屋番号	種類構造	床面積（㎡）	事業又は資産の譲受け元名
1					
2					
3					

❷ 新事業に取り組むための事業計画〜経営革新計画〜

①目的

◆**新事業活動に取り組み、経営の向上を目指す計画**

「経営革新計画」とは、中小企業が「新事業活動」に取り組み、「経営の相当程度の向上」を図ることを目的として策定される事業計画です。

中小企業等経営強化法に基づく承認を受けると、各種施策による支援のほか、各地方自治体ごとに設ける支援措置を受けられる場合があります（P154参照）。

◆**新事業についての「新規性」と「実現性」が審査のポイント**

「新規性」については、既存事業と比較してどこが新しい事業と言えるかおよび他社と比較した場合の違いが審査の対象となります。

「実現性」については、「いつ」「どこで」「何を」「どのように」取り組むかという具体性が重要となります。また、取組みの前提として、「ヒト」「モノ」「カネ」等の経営資源が手当てされているか、仕入先は検討されているか、顧客ニーズの把握に基づく売上計画となっているかなど、計画の妥当性についても審査されます。

◆**支援措置を受ける目的のみならず、新事業を計画する際の検証にもよい**

経営革新計画は「新規性」および「実現性」に重きを置いた計画です。そのため既存製品や競合製品との差別化要因を明確にし、実施計画や数値計画での実現可能性についての根拠付けも行うため、新事業の実現可能性の検証を行える効果があります。

経営革新計画書は一般的には上記の支援措置を受ける目的などで専門家に依頼して作成されることも多いかもしれませんが、新事業が事業として成り立つかどうかを判断する上でも有効な計画書です。少し時間がかかっても、経営者自身で作成してみるのもよいかもしれません。

②特徴および留意事項
◆既存事業とは異なる新事業活動に取り組む計画であること
　経営革新計画は、既存の事業活動とは異なる新たな活動に取り組むための計画である必要があります。
　具体的には、新事業活動とは以下の5つの分類のいずれかに該当するものをいいます。

> 1. 新商品の開発または生産
> 2. 新役務の開発または提供
> 3. 商品の新たな生産または販売の方式の導入
> 4. 役務の新たな提供の方式の導入
> 5. 技術に関する研究開発およびその成果の利用

　中小企業庁のホームページには、新事業活動の類型ごとに、新たな活動の例示が示されています。

【新事業活動の類型の例示】(中小企業庁ホームページより)

新事業活動の類型	新たな活動の例示
1. 新商品の開発または生産	業務用の大型で強力な空気清浄機を製造していた企業が、きれいな空気に対するニーズの高まりを受けて、小型化に挑戦し、一般家庭用の小型で強力な空気清浄機を開発する。
2. 新役務の開発または提供	美容院が高齢者や身体の不自由な方など、自分で美容院に行くことが困難な方のために、美容設備一式を搭載した車で美容師が出張し、カットやブローの基本コースからヘアメイクや着付けなどのサービスを行う。
3. 商品の新たな生産または販売の方式の導入	果物の小売業者が、本格的なフルーツパーラーを開店。果実店で培われた果物についての知識などの強みを生かすとともに、フルーツ＆ベジタブルマイスターの資格を持つ店員が常駐し、高品質フルーツを使ったスイーツや、フルーツや野菜のフレッシュジュース、健康を意識した野菜を取り入れたランチメニューも提供。

4. 役務の新たな提供の方式の導入	不動産管理会社が、企業の空家となった社員寮を一括借り上げして、それを高齢者向けに改装し、介護サービス、給食サービスを付加して、高級賃貸高齢者住宅として賃貸する。
5. 技術に関する研究開発およびその成果の利用	介護用ロボットの利便向上を図るための研究開発と実証実験を行い、その成果を元に介護ロボットを開発し、自社の事業に活用する。

※個々の中小企業にとって新たな事業活動であれば、既に他社において採用されている技術・方式を活用する場合においても原則として対象となります。
　ただし、業種ごとに同種の中小企業（地域性の高いものについては同一地域における同業他社）における当該技術・方式等の導入状況を判断し、それぞれについて既に相当程度普及している技術・方式等の導入については対象外となります。

◆経営の相当程度の向上につながる計画であること

　２つの指標が、事業期間である３～５年の間に下記の通りに向上する必要があります。

	「付加価値額」または「一人当たりの付加価値額」の伸び率[※1]	「給与支給総額」の伸び率[※2]
事業期間が3年の場合	9%以上	4.5%以上
事業期間が4年の場合	12%以上	6%以上
事業期間が5年の場合	15%以上	7.5%以上

経営指標の目標伸び率（東京都産業労働局　記載要領より）
※1　付加価値額＝営業利益＋人件費＋減価償却費
　　　一人当たり付加価値額＝付加価値額／従業員数
※2　給与支給総額＝役員報酬＋給料＋賃金＋賞与＋各種手当

◆各自治体ごとに様式が異なる場合がある。本店所在地の都道府県の該当するサイトなどで確認する

　経営革新計画は本店所在地の都道府県あてに提出します。基本的な様式は決まっていますが、詳細の説明資料など一部都道府県ごとに異なる場合があるので、事前に確認してから作成します。また、電子申請ができる場合もあるので各都道府県ごとの該当するサイトなどで確認します。

③計画策定のポイント

　ア．現状分析

◆既存事業を明確化する。新事業の実現のため、培われた「強み」を強調する

　　まず、経営革新計画における新事業は、既存事業とは異なる新たな取組みであることが求められるため、その違いを説明できるよう、事業計画書において既存事業の内容を明確にします。

　　また、すべての事業計画策定に共通しますが、まずSWOT分析などの手法により自社や市場環境などについて現状分析を行います。それにより経営課題を抽出するとともに、既存事業において培われたノウハウや人材などの新事業を行う際の「強み」となる経営資源については、新事業の実現可能性と結び付けるため、強調して記載します。

　イ．計画策定の動機

◆新事業の実現可能性の根拠付けになる

　　現状分析の結果抽出された経営課題が計画策定の動機となることがあります。また、自社や市場分析などの結果、既存の人材、ノウハウなどの「強み」が新事業に活用できると判断した経緯などを動機として記載します。

　ウ．新事業の内容

◆既存事業と「異なる」ことが重要

　　商品やサービス、商流や販路、生産や開発などにおいて、具体的にどのような点が新たな取組みであるかを記載します。記載する項目が下記のように例示されていますので、項目ごとに既存事業との違いが明確になるよう、差別化して記載します。

【新事業の内容】(東京都労働産業局ホームページより)

項目	内容
新規事業の内容	製品・サービスの内容、事業スキーム(商流)、想定顧客(ターゲット) など
比較	新規事業と既存事業の違いや新製品等と他社製品等の性能・価格の違い など
販路開拓	販売先、販売先への売り込み状況、新規ルートの場合の開拓方法 など
取組み状況	現在までの取組み状況、今後の課題、その解決策 など
連携先	業務委託など、他の企業等と連携して実施する場合の連携先の概要 など
資金調達	事業実施に必要となる資金調達について(借入先、借入予定額、見込み) など
特許等	新製品に関連する特許の有無や取得見込み など
事業許認可等	必要となる事業許認可等について、申請機関との調整状況や取得見通し[※] など ※取得の場合は、必要となる許認可、申請機関との調整状況、取得予定時期について具体的に説明すること。 例)職業紹介事業の許可、労働者派遣事業の許可、化粧品製造販売業の許可など

エ．実施後の見込み

　計画を実施した結果、自社や取引先、エンドユーザーがどのようなメリットを享受できるのかを記載します。

④経営革新計画の承認と支援措置
　ア．承認申請の流れ（東京都の例）

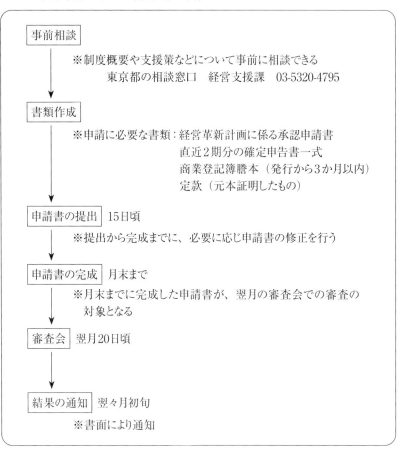

　イ．各種支援措置〈日本政策金融公庫による支援策〉

日本政策金融公庫の特別利率による融資制度	中小企業事業
	新事業活動促進資金、新事業育成資金として特別利率による貸付け
	国民生活事業
	新事業活動促進資金として特別利率による貸付け

信用保証の特例	普通保証の別枠設定
	経営革新計画の承認事業に関する保証限度額の別枠設定
	新事業開拓保証の限度額引上げ
	経営革新計画の承認事業のうち、対象となるもの（研究開発費用）に関する付保限度額の引上げ
海外展開事業者への支援制度	スタンドバイ・クレジット制度
	海外支店または現地法人が現地通貨での融資を受けるにあたり、日本政策金融公庫が提携する海外金融機関に信用状を発行
	クロスボーダーローン
	国内親会社と共同で経営革新等に取り組む外国関係法人等に対して日本政策金融公庫が直接融資を実施
中小企業投資育成株式会社からの投資	投資および育成事業の対象範囲の拡充
	資本金が3億円を超える株式会社も投資対象（通常は資本金3億円以下が対象）

【各自治体の支援策（東京都の例）】

東京都中小企業制度融資	東京都、東京信用保証協会、金融機関の三者協調の融資制度
フォローアップ支援	中小企業診断士を企業に派遣 制度融資の金利優遇
市場開拓助成金	助成対象商品の販路拡大のための展示会への出店費用等の一部を助成（東京都中小企業振興公社）

（注）各種支援措置を受ける際にはそれぞれ審査があります。計画の承認は支援措置を保証するものではありません。

⑤経営革新計画書の記載例

◆**最新の様式を、提出する都道府県の該当するサイトなどで確認する**

　経営革新計画の申請書の基本的な様式は概ね共通で、以下の通りです。

> 様式1「経営革新計画に係る承認申請書」
> 　　経営革新計画を提出する際の表紙。会社名、本店所在地などを記載。
> 別表1「経営革新計画」
> 　　①会社概要、②実施体制等、③新事業活動の類型、④経営革新の目標、⑤計画期間、⑥経営革新の実施に係る内容、⑦経営の向上の程度を示す指標
> 別表2「実施計画と実績」
> 　　①番号、②実施項目、③評価基準、④評価頻度、⑤実施時期
> 別表3「経営計画及び資金計画」
> 　　税務申告済みの直近3期分の実績数値、および、計画期間（3〜8年間）の計画値を記載。
> 別表4「設備投資計画及び運転資金計画」
> 　　新規事業の実施に必要な設備投資および運転資金のみ記載
> 別表5「組合等が研究開発等事業に係る試験研究費に充てるためその構成員に対して賦課しようとする負担金の賦課の基準」
> 　　申請者が組合等である場合にのみ提出
> 別表6「希望する支援策について」
> 　　希望する支援策に○を付ける
> 別表7「企業名等の公表」
> 　　計画書の公表について該当する項目に○を付ける。

　上記に加え、各別表の根拠となる事項が記載された書類を添付します。基本的な記載内容に大きな違いはありませんが、具体的な様式は各都道府県で異なっています。

　例えば、東京都は別表1－2、3－2などのように枝番を付けて記載します。神奈川県は、「申請者及び計画内容に関する概要説明書」という様式があります。各都道府県の該当するサイトなどで最新の様式を確認しましょう。

◆記載例の概要
　以下の記載例は、水産加工品の製造販売業を営む成熟期にある会社をモデルに作成したものです。

売上高や利益率の伸び悩みを解決するためにこれまでに培った食料品加工の技術と地元の仕入業者などの人脈を強みとして、新事業として地場の新鮮な食材を素材としたハンバーガーの製造小売業に進出することを想定しています。

様式1

経営革新計画に係る承認申請書

令和7年○月○日

東 京 都 知 事 殿

　　　　　　　住　　　所　〒東京都○○区○○1-2-3

　　　　　　　名　　　称　株式会社○○○
　　　　　　　代表者の職・氏名　代表取締役○○○○　　　　　　印
　　　　　　　電話・FAX　　03-1234-5678

　　　　　　（承認書の郵送先や連絡先が上記と異なる場合記入）
　　　　　　　住　　　所　〒

　　　　　　　電話・FAX

> 法人は登記簿上の本店所在地、個人事業者は住民票の住所

> 法人は代表者印、個人事業者は個人名の印を押印

　中小企業等経営強化法第14条第1項の規定に基づき、別紙の計画について承認を受けたいので申請します。

(別表1)経営革新計画

①申請者名・資本金・業種	②実施体制及び連携先
申請者名：株式会社〇〇〇 代表者職氏名：代表取締役　〇〇〇〇 法 人 番 号：1234567890123 資　本　金：10,000 千円 業　　　種：〇〇製品小売業（1234）	社内における責任者を社長とし、新商品開発担当を〇〇、販売担当〇〇の3名体制とする。 （吹き出し）社内の責任者、担当者等の体制、および他の企業等と連携して行う場合には、その連携内容を記載
③事業活動の類型	④経営革新の目標
計画の対象となる類型全てに丸印を付ける。	経営革新計画のテーマ： 　地元の食材とのコラボによる豊かな食文化の提供 （新規事業の取組内容を簡潔に記入） 　コラボ商品の開発とともに、卸売りから小売りへの転換を図り利益率向上を目指す。

	類型
○	1．新商品の開発又は生産
	2．新役務の開発又は提供
○	3．商品の新たな生産又は販売方式の導入
	4．役務の新たな提供の方式の導入
	5．技術に関する研究開発及びその成果の利用
	6．その他の新たな事業活動

（吹き出し）
◆【計画期間】：事業期間と研究開発期間をあわせた期間
「税務申告済みの直近期末の翌月（※）」から「計画終了期の決算月」まで
◆【事業期間】：計画期間から研究開発期間を除いた期間
「③事業活動の類型1～4」の場合は、「計画期間」＝「事業期間」
◆【研究開発期間】：「③事業活動の類型5」を選択した場合にのみ設定

⑤期間	計画期間：令和7年4月　～10年3月	※類型5．を選択した場合は研究開発期間を記入すること
	事業期間：令和7年4月　～10年3月	研究開発期間：　　年　　月～　　年　　月

⑥経営革新の実施に係る内容
1．当社の現状と経営課題 　　当社は創業以来、水産加工品の製造卸販売を行ってきたが、消費者の魚離れなどの影響による売上低迷、および燃料費の高騰による利益減少の傾向が強くなり、対策が必要な状況になっている。 （吹き出し）既存事業の概要と、現状における経営課題について（別表1-2）の要点を簡潔に記載 2．経営革新の具体的内容（既存事業との相違点、経営戦略における位置付け等） 【新商品の開発】 　既存事業である水産加工品の卸売り販売とは別に、経験からくる食材に関する知識及び長年地元に根差して事業を行ってきたことにより築いた人脈を強みとして活かし、地元の異業種の会社とのコラボによる新商品を開発する。 【新たな販売方式の導入】 　後継者である〇〇のインターネットに関する知識を強みとして活かし、新たにインターネット販売を中心とした新製品の小売りを行うとともに、キッチンカーを使った販売も開始する。 （吹き出し）新規事業の内容、既存事業との相違点について（別表1-2）の要点を簡潔に記載

⑦経営の向上の程度を示す指標	現　状（千円）	計画終了時の目標伸び率（％） （事業期間終了時点）	
1	付加価値額	24,325 千円	31,992 千円　31.5% （令和7年4月～10年3月（事業期間3年））
2	一人当たりの付加価値額	3,041 千円	3,555 千円	16.9%
3	給与支給総額	19,669 千円	22,500 千円	14.4%

(別表1-2) 経営改革新計画の具体的内容

(経営革新計画の具体的内容と新しい取り組み方法を記入して下さい)
1　当社の現状（既存事業の内容）
(1)　会社概要

社名	株式会社○○○
設立年月日	平成○○年○月○日
本社所在地	東京都○○区○○1-2-3
代表者	○○○○
従業員内訳	8人　（・事業主、法人の役員、臨時の従業員を含まない。・別表3、3-2の従業員数とは異なる場合がある）
会社沿革	平成○年○月　　東京都○○区に有限会社として設立 平成○○年○月　株式会社へ組織変更 　　　　　　　　　資本金1千万円に増資 東京都○○区に本店移転 平成○○年○月　埼玉県○○市に支店設置 現在に至る
事業内容 （売上構成比）	①　卸売り　　　（90%） ②　小売り　　　（10%）
主要事業所	本店　　東京都○○区 支店　　埼玉県○○市
主要顧客	卸先企業　㈱○○○○他 小売り　　一般消費者
主要仕入先	㈱○○○○ ○○商店 他
競合企業	㈱○○○○
資格・業許可	水産製品製造業許可　（資格証・業許可等のコピーを提出） ○○○○○○○○○
当社の強み	既存事業の長年の経験で培われた、食材に関する知識 食品加工の知識及び技術を持ち合わせたベテラン社員の存在 良好な関係を築いてきた仕入れ先等の取引先 地域のコミュニティーで培われた異業種間交流による人脈 ITなど情報通信関連についての知識及び経験が豊富な後継者の存在

(2) 既存事業の内容
　①卸売り
　　○○漁港で水揚げされた魚を業者から仕入れ、加工を行い商品化し、都内及び関東近県のスーパーなどの小売店に納入
　②小売り
　　商品を本社併設店舗により、一般消費者へ販売

> 各事業について、スキーム図や写真などを用いて、<u>文章で簡潔に説明</u>

（スキーム図）

食品加工販売業

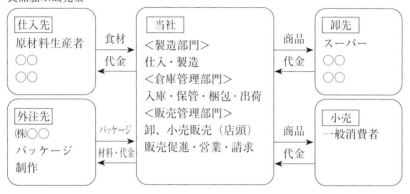

(3) 経営状況

> 直近3期の経営状況について簡潔に説明。特に、赤字の場合には、その理由を説明。国が提供する「ローカルベンチマーク」なども活用

（直近3期の売上高及び経常利益）

	令和5年3月期	令和6年3月期	令和7年3月期
売上高	155,880千円	151,265千円	154,786千円
経常利益	1,209千円	△2,428千円	△137千円

　令和6年3月期は取引先小売店の売上げ減少及び原材料費、燃料費等の高騰の影響により減収減益となり経常赤字となった。令和7年3月期においては、売上高は令和5年3月期並みに回復したが、原材料費、燃料費等の原価の高騰が続き、僅かではあるが経常赤字となった。
　直近2期におけるローカルベンチマークによる分析結果は、以下の通り。

(ローカルベンチマーク)

(令和6年3月期)

指標	算出結果	評点
①売上高増加率	○.○%	○
②営業利益率	○.○%	○
③労働生産性	○○○（千円）	○
④EBITDA有利子負債倍率	○.○（倍）	○
⑤営業運転資本回転期間	○.○（ヶ月）	○
⑥自己資本比率	○○.○%	○

(令和7年3月期)

指標	算出結果	評点
①売上高増加率	○.○%	○
②営業利益率	○.○%	○
③労働生産性	○○○（千円）	○
④EBITDA有利子負債倍率	○.○（倍）	○
⑤営業運転資本回転期間	○.○（ヶ月）	○
⑥自己資本比率	○○.○%	○

> 別表3-2の既存事業の売上増減の理由。今後の見通し

(4) 既存事業の今後の見通し

　　卸売り部門における業績は、売上及び利益ともに現状の水準が続くと予測している。そこで、新たにインターネット販売をはじめとした小売販売の販売促進強化策によって、増収及び増益を図りたいと考えている。
　　具体的には・・・・・・・・・・・・・

> 「1当社の現状」から抽出される経営課題について簡潔に記載

2　本計画を作成するに至る「きっかけ」と経緯

以下の経営課題、市場調査・分析の結果を踏まえて、経営革新計画を策定した。

(1) 経営課題

　　当社の売上高の大半を占める水産加工品の卸売り事業の売上高の伸び悩みにより、会社全体の業績は横ばいの状態が続いている。また、原材料費、燃料代等の高騰により、利益率も低下してきている。
　　従って、売上高及び利益率の向上のため、販売促進策を伴った新たな販売方法の導入や販路の開拓、利益率の高い新商品を開発することが当面の大きな経営課題である。
　　具体的には・・・・・

(2) 市場に関する調査・分析

　　水産物加工食品の国内の市場規模は年々縮小しており、・・・・・・・・
　　他方で、中食や外食の市場規模は、核家族化や共働き世帯の増加を背景に拡大を続けており・・・・

　　（図表）
　　　　水産加工品の市場規模の動向

　　　　中食・外食の市場規模の動向

> 新規事業に先立ち、顧客ニーズを把握するために、ターゲット市場の動向について根拠とともに簡潔に記載。必要に応じて、根拠となる図表（出所も含め）もあわせて掲載

(経営革新計画の具体的内容と新しい取り組み方法を記入して下さい)
3　新規事業の内容「自社にとって何が新たな取組みであるのか」
(1)　新規事業の概要

　　既存事業である魚加工品の卸売り販売とは別に、経験からくる食材に関する知識及び長年地元に根差して事業を行ってきたことにより築いた人脈、更に後継者である○○のインターネットに関する知識を強みとして活かし、インターネット販売を中心とした新商品の小売りを行う。

　　具体的には・・・・・

> 事業スキーム、想定する顧客（ターゲット）などについて、図なども用いて、文章で簡潔に記載

> 新商品・新サービスの内容、開発内容や共同研究の有無、新規設備投資の必要性や内容、各取組に係る委託の有無等、事業の詳細について図や写真を用いて、文章で説明

(2)　新規事業の詳細
　①新製品の内容
　　魚加工品を使ったフィッシュバーガー（ミールキット）
　・当社の魚加工食品はご飯のおかず向けの商品。バンズに
　合うように味付けを若干変更。
　・バンズは国産小麦にこだわる地元ベーカリーから仕入。
　・野菜は地元農家から仕入。定番のトマトやレタスだけではなく、地元特産の○○も材料として取り入れる。なお、これら農家には流通に出せないB級品（形は悪いが味は同じ）を中心に取引していただけることになっており、原材料コストを通常より圧縮できる。
　・販売ルートはネット販売＋本社併設店舗。

　②新規設備投資の必要性
　　・本店併設店舗拡張
　　　弊社製品だけではなく、バーガーの原材料となる野菜を含め、地元の野菜や加工品を販売するコーナーを設けるため
　　・キッチンカー
　　　新商品の販売拠点として。本社近くに観光スポットがあり、近年外国人観光客が増加している。外国人観光客を新たなターゲットとして拡販を図りたい。

(3) 比較
①既存事業との比較

> 既存事業と新規事業の違いが明らかになるように記載

	既存事業	新規事業
製品	水産加工食品	高級ハンバーガー
商流及び販路	卸売、本社併設店舗での小売り、	ネット販売、本社併設店舗、キッチンカーでの小売り
生産、開発	自社単独	地元農家、ベーカリーと共同開発

②競合他社との比較

	新規事業	競合他社
製品	素材を重視した高級ハンバーガー	大手チェーン店のハンバーガー
商流及び販路	店舗販売、ネット販売、キッチンカー販売	店舗販売
生産、開発	自社工場内	セントラルキッチン、及び各店舗

(4) 取組状況

> 現在までの取組状況、今後の課題、その解決策等について記載

　　現在までに、連携先の企業とともに、共同開発のための情報の収集、具体的な生産方法などの検討を行っている。
　　　今後・・・・・・・・

(5) 連携先
　　　地元の食材を使用したコラボ商品の開発
　　　(株)○○○○○
　　　東京都○○区○○1-2-3
　　　従業員数　10人

> 他の企業等と連携して実施する場合には、連携内容と連携先の概要（所在地、資本金、従業員数、業務内容など）を記載

(6) 資金調達

> 資金調達について、借入先、借入予定額、現時点での見込み（※）を記載
> ※既に金融機関等に相談を行っている場合は、その反応を記載

金融機関	借入予定額	見込み
日本政策金融公庫	1,000万円	・・・・・
A信用金庫	450万円	・・・・・

(7) 事業許認可
　　「飲食店営業許可」（保健所）
　　　　令和7年〇月取得予定
　　　　キッチンカーによる販売のために必要

> 事業実施に必要な許認可等について取得状況を記載
> 未取得の場合は、必要となる許認可、申請機関との調整状況、取得予定時期について具体的に記載

(8) その他

（経営革新計画の具体的内容と新しい取り組み方法を記入して下さい）

4　計画を実施した結果はどのようになるのか

> 自社や取引先（仕入先や顧客）、エンドユーザーのメリット等を記載

(1) 当社のメリット
　　①売上高の向上
　　　・新製品を既存顧客に投入することにより、既存顧客との取引量の増加を図れる。
　　　・新製品をインターネットやキッチンカーなどを通して販売することで、新規顧客の開拓につながる。
　　②利益率の向上
　　　・既存製品より付加価値を高めており、その分利益率を高く設定しているため、利益額の増加が見込める。
(2) 取引先のメリット
　　・流通に出せないB級品（形は悪いが味は同じ）を中心に仕入れるため、仕入先の農家の収益の向上に貢献する
(3) 顧客のメリット
　　・健康に配慮した地元産の新鮮な食材を利用した高付加価値の製品のため、顧客の健康で豊かな食生活に貢献する。

第3章 各種事業計画の作成

(別表2) 実施計画と実績
(実績欄は申請段階では記載する必要はありません)

> 実施項目を開始する時期を4半期単位で記載

①番号	計画				実績		
	②実施項目	③評価基準	④評価頻度	⑤実施時期	実施状況	効果	対策
1	新製品開発						
1-1	新製品企画	企画委員会	毎月	1-2			
1-2	新製品開発	開発原価	毎月	1-3			
1-3	○○製品試作	製造原価	毎月	1-4			
2	製造						
2-1	○○製品製造	製造原価	四半期	2-1			
2-2	○○製品の生産体制確立	製造原価	四半期	2-2			
3	販路開拓						
3-1	インターネットサイトの制作	制作経費	毎月	2-1			
3-2	インターネットサイトによる販売	○○商品売上高	毎月	2-2			
3-3	キッチンカーの製作	制作経費	毎月	2-1			
3-4	キッチンカーによる販売	○○商品売上高	毎月	2-2			

(別表2－2)実施計画の具体的内容

(経営革新計画の具体的内容と新しい取り組み方法を記入して下さい)
計画の実施「新事業をどのように実施するのか」

1．新製品開発
 1-1 新製品企画
  ・・・・・
  ・・・・・

> 別表2 ①番号

> 別表2 ②実施項目

> 別表2①番号に沿って、②実施項目の概要を具体的に記載。

 1-2 新製品開発
  ・・・・・
  ・・・・・
 1-3 ○○製品試作
  ・・・・・
  ・・・・・

2．製造
 2-1 ○○製品製造
  ・・・・・
  ・・・・・
 2-2 ○○製品の生産体制確立
  ・・・・・
  ・・・・・

3．販路開拓
 3-1 インターネットサイトの制作
  ・・・・・
  ・・・・・

> 「販路開拓」について広告宣伝などの販売促進の具体的方法を含めて記載。

 3-2 インターネットサイトによる販売
  ・・・・・
  ・・・・・
 3-3 キッチンカーの製作
  ・・・・・
  ・・・・・
 3-4 キッチンカーによる販売
  ・・・・・
  ・・・・・

各種事業計画の作成　第3章

（別表３）経営計画及び資金計画

（単位：千円）

		2年前 (R5年3月期)	1年前 (R6年3月期)	直近期末 (R7年3月期)	1年後 (R8年3月期)	2年後 (R9年3月期)	3年後 (R10年3月期)
①売上高		155,880	151,265	154,786	160,000	168,100	173,262
②売上原価		103,246	102,879	103,138	106,850	111,927	115,245
③売上総利益（①-②）		52,634	48,386	51,648	53,150	56,173	58,017
④販売費及び一般管理費		50,837	50,277	51,368	52,000	53,510	54,025
⑤営業利益		1,797	-1,891	280	1,150	2,663	3,992
⑥経常利益		1,209	-2,428	-137	700	2,193	3,542
⑦給与支給総額		19,184	19,303	19,669	22,500	22,500	22,500
⑧人件費		21,451	21,927	22,152	25,000	25,000	25,000
⑨設備投資額		−	−	−	7,000	3,000	0
⑩運転資金		−	−	−	3,000	1,500	1,500
	普通償却額	2,310	2,082	1,893	2,200	2,900	3,000
	特別償却額	0	0	0	0	0	0
⑪減価償却額		2,310	2,082	1,893	2,200	2,900	3,000
⑫付加価値額（⑤+⑧+⑪）		25,558	22,118	24,325	28,350	30,563	31,992
⑬従業員数		8.0	8.0	8.0	9.0	9.0	9.0
⑭一人当たりの付加価値額（⑫÷⑬）		3,195	2,765	3,041	3,150	3,396	3,555
⑮資金調達額（⑨+⑩）	政府系金融機関借入	−	−	−	10,000	0	0
	民間金融機関借入	−	−	−	0	4,500	0
	自己資金	−	−	−	0	0	1,500
	その他	−	−	−	0	0	0
	合計	−	−	−	10,000	4,500	1,500

（各種指標の算出式）
「給与支給総額」：給与+賃金+賞与+各種手当
「付加価値額」：営業利益+人件費+減価償却費
「一人当たりの付加価値額」：付加価値額÷従業員数
「営業利益」：売上総利益（売上高-売上原価）-販売費及び一般管理費

（付加価値額等の算出方法）　注）下記については該当があれば原則算入して下さい。

人数、人件費に短時間労働者、派遣労働者に対する費用を算入しましたか。		は　い	○	該当なし
減価償却費にリース費用を算入しましたか。	○	は　い		該当なし
従業員数について就業時間による調整を行いましたか。		は　い	○	該当なし

(別表3-2) 中期経営計画及び資金計画の算出根拠資料

1 既存事業と新規事業

		直近期末 (R7年3月期)	1年後 (R8年3月期)	2年後 (R9年3月期)	3年後 (R10年3月期)	
①売上高		154,786	160,000	168,100	173,262	2年後、3年後の既存事業売上は、ネット通販により2％ずつ増加と想定
	既存事業	154,786	155,000	158,100	161,262	
	新規事業	−	5,000	10,000	12,000	
②売上原価		103,138	106,850	111,927	115,245	売上原価は既存事業は67％（直近の実績66.6％）新規事業は60％として算出
	既存事業	103,138	103,850	105,927	108,045	
	新規事業	−	3,000	6,000	7,200	
③売上総利益		51,648	53,150	56,173	58,017	
	既存事業	51,648	51,150	52,173	53,217	
	新規事業	−	2,000	4,000	4,800	
④販売費及び一般管理費		51,368	52,000	53,510	54,025	既存事業の販管費は、1％ずつ増加と想定
	既存事業	51,368	51,000	51,510	52,025	
	新規事業	−	1,000	2,000	2,000	
⑤営業利益		280	1,150	2,663	3,992	
	既存事業	280	150	663	1,192	
	新規事業	−	1,000	2,000	2,800	
⑥経常利益		−137	700	2,193	3,542	
⑦給与支給総額		19,669	22,500	22,500	22,500	
	既存事業	19,669	19,500	19,500	19,500	
	新規事業	−	3,000	3,000	3,000	
⑧人件費		22,152	25,000	25,000	25,000	
	既存事業	22,152	22,000	22,000	22,000	
	新規事業	−	3,000	3,000	3,000	
⑨設備投資額		−	7,000	3,000	0	
	既存事業	−	0	0	0	
	新規事業	−	7,000	3,000	0	
⑩運転資金		−	3,000	1,500	1,500	
	既存事業	−	0	500	500	
	新規事業	−	3,000	1,000	1,000	
⑪減価償却額		1,893	2,200	2,900	3,000	
	既存事業	1,893	2,200	2,900	3,000	
	新規事業	−	0	0	0	
⑫付加価値額 (⑤+⑧+⑪)		24,325	28,350	30,563	31,992	
	既存事業	24,325	24,350	25,563	26,192	
	新規事業	−	4,000	5,000	5,800	
⑬従業員数		8.0	9.0	9.0	9.0	
	既存事業	8.0	7.0	7.0	7.0	
	新規事業	−	2.0	2.0	2.0	
⑭一人当たり付加価値額		−	−	−	−	
	既存事業	3,041	3,479	3,652	3,742	
	新規事業	−	2,000	2,500	2,900	

2　新規事業　売上高計画の内訳

（1）　計画値内訳（新規事業により売上げ増となる積算根拠を記載する。）
　　　　　1年後　　＠1,000円×5,000個＝5,000千円
　　　　　2年後　　＠1,000円×10,000個＝10,000千円
　　　　　3年後　　＠1,000円×12,000個＝12,000千円

（2）　設定数値根拠
　　①　単価の根拠

> 自社の旧製品や他社の類似製品との比較、市場調査結果など、単価の妥当性について記載

　　　　類似製品との比較

	自社製品	類似製品
A製品	1,000円	500円

　　　　新商品の単価の設定は、原価○○円に付加価値分として○○％付加した価格とする。
　　　　上記の通り、他社の類似製品より高額な価格設定ではあるが、当社製品の方が○○○の点で他社製品より優位性が高い。

　　②　販売量の根拠

> 「1年後に○個、2年後に○個を販売する」などの目標値だけではなく、その目標値を設定した根拠をあわせて記載

　　　　1年後：新商品は、第3四半期以降に投入予定なので、6か月分の販売予測数量1,000個を設定
　　　　　　　その根拠は・・・・・・・
　　　　2年後・・・・・・・・
　　　　3年後・・・・・・・・

(別表4) 設備投資計画及び運転資金計画

> 別表3−2「⑨設備投資額」新規事業分と一致。同年度で複数行ある場合は、年度ごとに小計行を追加

設備投資計画（経営革新計画に係るもの）　　　　　　　　（単位　千円）

	機械装置名称　　（導入年度）	単　価	数量	合計金額
1	○○○　　（令和8年3月期）	2,000	1	2,000
2	○○○　　（令和8年3月期）	5,000	1	5,000
	小計			7,000
3	○○○　　（令和9年3月期）	3,000	1	3,000
	小計			3,000
	合計			10,000

注）設備投資計画が書ききれない場合は、最後の行に別添ありと記載して同じ様式で記載したものを添付する

> 別表3−2「⑩運転資金」新規事業分と一致

運転資金計画（経営革新計画に係るもの）　　　　　　　　（単位　千円）

年　　度	金　　額	内　訳
令和8年3月期	3,000	人件費・外注費
令和9年3月期	1,000	人件費・外注費
令和10年3月期	1,000	人件費・外注費

(別表6)

[希望する支援策について]

経営革新計画が承認された場合に利用を希望する支援策に○印を付けて下さい。(複数希望可)

		回　答　欄
○	1	政府系金融機関による低利融資制度
	2	中小企業信用保険法の特例（東京都制度融資）
	3	中小企業投資育成株式会社法の特例
	4	起業支援ファンドからの投資
	5	特許関係料金減免制度
	6	実施フォローアップ支援（経営専門家派遣）
	7	市場開拓助成事業
	8	海外展開事業者への支援制度

※経営革新計画の承認は、上記支援策の提供を保証するものではありません。計画承認後、利用を希望する支援策の実施機関への申込・審査が必要となります。

[関係機関への連絡希望について]

計画が承認された場合に、承認を受けた計画の内容について下記関係機関に送付することの希望の有無を必ずご記載下さい。（有か無に○を記入してください。）

承認書類の送付を希望する機関名（実施支援策）		送付の希望の有・無	
①株式会社　日本政策金融公庫（低利融資制度）			
中小企業事業　　　支店		有	無
国民生活事業　　　支店		有	無
②東京信用保証協会（中小企業信用保険法の特例）	○	有	無
③中小企業投資育成株式会社（投資育成の特例）		有	無

[経営革新計画提出に当たり協力を得た機関等]

「経営革新計画」提出に当たり協力を得た機関等があれば、下記に○印の上、具体名を記載してください。

		回　答　欄	
○	1	政府系金融機関　（　日本政策金融公庫　）	
○	2	民間金融機関　（　A信用金庫　　　）	
	3	中小企業診断士　（	）
	4	税理士・公認会計士・社会保険労務士等　（	）
	5	商工会・商工会議所　（	）
	6	県・市町村関係機関　（	）
	7	民間経営コンサルタント　（	）
	8	その他　＊具体的に記入してください　（	）

(別表7)

[企業名等の公表]

「経営革新計画」が承認された場合、下記の記載内容を東京都のホームページ上で公表可能かどうか、該当する項目の左欄に○印をしてください。

	回　答　欄			
公表可能		1. 企業（組合）名		5. 所在地（登記上の住所）
		2. 代表者名		6. 電話番号
		3. 資本金	○	7. 業種
		4. 従業員数		8. 経営革新計画の名称
公表不可				

注）公表してよい場合、1～8の各項目ごとに○印をして下さい。

[中小企業経営革新事例集の作成]

今後、経営革新を行おうとする中小企業の参考のため事例集を作成する場合、下記の記載内容を活用することが可能かどうか、該当する項目の左欄に○印をしてください。

	回　答　欄			
公表可能		1. 企業（組合）名		5. 所在地
		2. 代表者名		6. 電話番号
		3. 資本金	○	7. 業種
		4. 従業員数		8. 経営革新計画の名称及び概要
公表不可				

注）活用可能な場合、1～8のうち活用可能な項目ごとに○印をして下さい。

Ⅳ 衰退期の事業計画

◆**資金繰り難を回避し、経営の見直しを行う。撤退か再生か**

　衰退期に入ると売上および利益が減少することにより資金繰りに支障をきたし、債務超過に陥ることもあります。短期的には、金融機関との交渉によって返済計画を見直すことにより資金ショートを防ぎ、中長期的には、経営改善により将来の借入金返済の原資を捻出し、財務内容の健全化につなげるために経営改善計画を策定します。

　また、衰退期においては、企業業績の回復が見込まれなければ、損害が広がるのを防ぐために撤退の判断をせざるを得ない場合もありますが、収益性を見込める事業が残っている場合には、再生計画により事業を根本から見直し事業再生のための方策を検討する場合もあります。

　衰退期において作成されることが想定される事業計画として、「経営改善計画」と「事業再生計画」を取り上げます。

１ 経営改善のための事業計画～経営改善計画～

①目的

◆**5年程度の財務状況改善のための計画**

　「経営改善計画」とは、経営状況が厳しいときに、主に金融機関への返済猶予をお願いするなど、資金繰りや財務状況を改善していく道筋をつける目的で策定される事業計画です。売上高を伸ばし、利益率を改善し、経費を抑えるなどの計画を数年間（5年程度）の数値計画として策定します。

②特徴および留意事項

◆**借入金をいかに返済してゆくか。改善策に基づく黒字化が前提**

　経営状況が厳しくなり、経営の改善を行う必要から作成を行うので、現状の財務状況の分析と厳しい状況に至った原因、およびその原因から生ずる経営課題を解決するための具体的方策の記載に重点が置かれます。

数値計画では、具体的な改善策に根拠付けされた利益額を基にした返済計画と資金繰りの改善案を示す必要があります。

◆**金融機関の納得のいく返済計画。実現可能性が重要。保守的に作成する**

成長のための事業計画策定の際には、将来の「夢」「目標」といった要素も大切です。これに対して経営改善計画の場合には、実行する上で、融資を行っている金融機関にとっての回収可能性の確保が最重要課題です。したがって、特に実現可能性についての説得力が求められることになります。

返済を猶予し、返済期間を見直すことにより回収期間が長くなり、金融機関等にとっては回収リスクが高くなります。実現可能性につき納得のいく計画でないと、見直しには応じないでしょう。

その意味で他の事業計画に比べ、より保守的に作成すべきところに特徴があります。

◆**黒字化、資産超過、早期の借入金償還が目標**

経営改善計画は概ね5年以内に、返済が滞っている現状から、通常の返済ができる状態にまで財務状況を改善することを目標とします。具体例として、日本政策金融公庫の手引によれば、計画終了時（概ね5年後）に以下の状況を達成することとされています。

項目	目標
①経営状況	最終利益の黒字化
②財務内容	資産超過
③借入金の返済見通し	債務償還年数10〜15年程度

(日本政策金融公庫　手引)

ただし、以下の点については注意が必要です。

ア．黒字化：単なる黒字化ではなく、借入金返済に必要な利益額であることが必要です。

当期純利益＞返済すべき額－減価償却費

イ．資産超過：粉飾決算などのない適正な評価に基づく財務諸表により実質的に資産超過となっている必要があります。逆に、代表者からの借入れ等実質的に即座の返済が必要ない負債は、自己資本と同様に考えることもあります。実質的な資産超過の判定の際には、以下の点について留意する必要があります。
・売掛金等の債権：長期滞留分などの回収見込みが低下した分は除く
・棚卸資産：陳腐化などにより価値の低下した商品は処分見込み価額まで簿価を引き下げる
・債務：簿外債務がないか確認を行い、もれなく計上する
ウ．借入金の返済見通し：返済期間が長ければ長いほど金融機関のリスクが高まるため、計画終了時からなるべく10年程度で返済する計画が理想です。ただし、経営改善計画は実現可能な計画であることが求められます。10年での返済が難しそうな場合には、経営改善後の利益額の見込額にあわせ、無理のない返済年数に見直します。

③計画策定のポイント
　ア．改善計画の概要の検討
◆まずは大まかに概要を考えてから詳細を検討する。第三者の客観的な意見を聞く。明らかに無理なら法的整理も視野に入れる

　　まずは経営改善計画の概略をつかむため、借入金残高を目標とする償還年数で割って年間の返済予定額を算出し、返済のために必要な利益額を計算します。その際、債務超過の解消に必要な利益額も考慮します。さらに必要な利益額を達成するために必要な売上高確保や原価の削減などの方策、また、債務超過解消を実現するための方策の概略を考えます。

　　ただし、債務超過が大きすぎる場合など、明らかに実現可能性に疑義がある場合には、あまりにも無理な計画を立てると自身や周囲への被害を広げることにもつながります。実現可能性について、必ず顧問税理士などの第三者である専門家に、客観的な意見を聞くようにしましょう。

借入金返済のため必要な利益年額	（借入金元本残高÷目標償還年数）÷（1－法人税率※）－減価償却費
債務超過解消に必要な利益年額	（債務超過額÷目標返済年数）÷（1－法人税率）※

※期限内の税務上の繰越欠損金がある場合には、法人税は考慮しない。

イ．計画期間中の返済可能額の算出

◆**現在の返済可能額を見積もり、5年間の計画終了時の予定借入金元本残高を見積もる**

　現在の状況から考えた計画期間中の返済可能額を検討し、計画終了時の予定元本残高を算出します。

　予定元本残高を目標償還年数で割って、毎年の返済のために必要となる利益額の算出のための基礎とします。

ウ．必要利益額の算出

◆**目標償還年数から返済のために必要な利益額の目安を算出して、改善計画の概略を考える。まずは目標償還年数は10年前後とする**

　最初から売上高および利益額等の増加のための方策を計画し、返済原資を考えていく方法もあると思いますが、考え方が難しく、漠然とした数字になってしまいがちです。

　そこで作成のための考え方として、まずは借入金元本を目標償還年数で割った返済額を基にして返済のために必要な利益額を算出します。その後、必要利益額の実現のための売上高増加策などの改善策を考える方が、説得力のある計画を作りやすいと考えられます。

　次に現状の経営状況の改善案を検討し、必要利益額を実現するための具体的方策を考えます。

返済可能額＝税引前利益額×（1－法人税率）※＋減価償却費

※税引前利益額を超える税務上の繰越欠損金がある場合には法人税は考慮しない。

エ．現状の財務状況の把握

◆損益計算書→貸借対照表の順に分析。過去5年程度を並べて比較する

　資金繰り難の原因の第一は利益額の減少です。現状の把握のため、過去5年程度の損益計算書の各項目の数値を比較します。各段階の利益額（売上総利益、営業利益、経常利益、当期純利益）を比較したのち、売上高、売上原価、販売費および一般管理費の各項目の増減を分析し、概括的な原因を考えます。

◆利益減少の原因を検証する

　営業利益＝売上高－売上原価－販管費

　利益の中でもまず注目すべきは本業の利益を表す営業利益です。営業利益が金融費用等の営業外費用を賄う額を計上できなければ、経常赤字に陥ることになります。

　営業利益減少の原因は、売上高の減少、売上原価の増加（売上原価率の上昇）、販売費および一般管理費の増加です。

　売上高は製品ごとに単価×数量などの構成要素に分解して分析し、さらに市場、顧客、場所などに細分化します（P44参照）。

　また、売上原価率は商品ごとに、販売費および一般管理費についてはその項目ごとに増減を分析します。

　数値の分析をした後、具体的な原因の分析を行います。例えばA商品の○○地域の販売数量が減少しているのであれば、減少した原因を外部環境の変化、内部環境の観点から探します。

オ．経営課題の抽出および改善目標の設定

◆改善計画は具体的に。実現可能性についての説得力が重要

　上記エで分析した内容をもとに経営課題の抽出、改善計画の基本方針、改善目標の設定を行います。

〈例〉

経営課題の抽出	I. 外部環境の売上、原価等に対する影響 II. 自社の経営判断による影響（コスト過大、過剰投資など） III. 経営管理体制による影響（部門管理、予算統制の欠如など） 他
改善計画の方針	I. 売上高増加のための方針 II. コスト削減のための方策 III. 金融機関への弁済計画の見直しの要請 他
改善目標の設定	I. 計画期間 II. 黒字化および債務超過解消の時期 III. 借入金償還年数 他

カ．数値計画の策定

◆**月次および年次の数値計画を作成。返済計画は各金融機関について平等に**

上記の情報を基に数値計画を作成します。

売上計画	● 1年分は月次推移 ● 5年分は年次 ● 商品・サービスごとに分ける
損益計画	● 売上計画を基に月次推移を1年分作成 ● 月次推移を基に5年分の年次計画を作成
借入金返済計画	● 目標償還年数に従って作成 ● 見直し後の各金融機関の返済額は元本の割合に従い平等に
キャッシュフロー計画	● 損益計画および借入金返済計画等に従って月次推移を作成

④「経営改善計画策定支援事業(405事業)通常枠」の利用

◆**認定支援機関から計画作成の支援を受ける。費用の補助が受けられる**

経営改善計画作成にはある程度の専門知識が必要です。専門家の支援を受けて作成する方が効率的ですが、費用の問題があります。

そこで、国が専門家に係る費用の一部を負担し、金融支援を伴う本格的な経営改善の取組みが必要な中小企業・小規模事業者を対象として、認定支援機関による経営改善計画の策定の支援を行っています。中小企業・小規模事業者が認定支援機関に対し負担する経営改善計画策定支援に必要となる費用の2/3（上限額あり）を中小企業活性化協議会が負担します。

【支援策】

(中小企業庁)

DD※・計画策定支援	●現状を分析し課題を明確化し対応策を検討する ●今後の計画と実現に向けたアクションプランの検討 ●金融支援を受けて資金繰りの安定を図る
伴走支援	●計画内容に応じた期間、認定支援機関等による伴走支援を実施

※事業・財務の状況に関する調査分析

【支援割合】

(中小企業庁)

支援枠	支援対象費用	支援割合（上限）
通常枠	DD・計画策定支援費用	2/3（上限200万円）
	伴走支援費用（モニタリング費用）	2/3（上限100万円）
	金融機関交渉費用※	2/3（上限10万円）

※金融機関交渉費用は、経営者保証解除を目指した計画を作成し、金融機関交渉を実施する場合に対象（任意）。

⑤経営改善計画書の記載例

◆さまざまな様式がある。基本的な記載内容は概ね同様

　経営改善計画書の様式は、政府系金融機関（日本政策金融公庫、信用保証協会など）、民間金融機関などでさまざまなものがありますが、基本的な内容は概ね同様です。

　日本政策金融公庫のサイトでは、国民生活事業（主に個人事業、小規模事業者が対象）および中小企業事業（主に従業員20人以上、資本金1,000万円以上の企業が対象）でそれぞれ記載例を掲載しています。

中小企業事業の様式には簡易版と詳細版がありますが、詳細版の目次は以下の通りで、本格的なものになっています。売上や資本金、借入額が大きい場合には、専門家の支援を受けながら詳細版を作成します。
　ただし、「1－②前回計画実施状況」「5．改善計画の骨子」「6．金融機関への要請」以外は本書でも解説した経営計画策定の基本的事項です（本書第2章参照）。
　ここでは、「5．改善計画の骨子」「6．金融機関への要請」のみ解説します。

「経営改善計画書」詳細版の目次（日本政策金融公庫　中小企業事業）

```
                    <目　次>
    1.    はじめに
    1-②   前回計画実施状況
    2.    経営理念
    3.    事業概況
    4.    SWOT分析
    5.    改善計画の骨子
    6.    金融機関への要請
    7.    売上計画
    8.    変動費計画
    9.    固定費計画
    10.   財政改善計画
    11.   組織マネジメント計画
    12.   行動計画表
    13.   中期収支計画
    14.   月次収支計画
    15.   中期財政計画
    16.   キャッシュフロー計画
    17.   月次資金繰り計画
```

・「5．改善計画の骨子」
　改善計画の目標として、約定通りの返済に戻し、財務状況を改善していくための利益およびキャッシュフローの改善をいつまでに達成するか

ということを具体的に示します。目標としては、計画終了時点（概ね5年後）において①最終利益の黒字化、②資産超過、③債務償還年数10〜15年程度を達成することとされています（P174〜175参照）。

183ページの国民生活事業の様式の「1．損益実績／計画」の欄と同様の数値計画を記載します。

・「6．金融機関への要請」

現在のキャッシュフローを改善するため、一定期間の返済の猶予および返済額の減額を要請することとなります。例えば1年間の元本返済の猶予、2年目から5年目までは、各年度のキャッシュフローの範囲で一定割合を返済に充てることなどを要請します。

こちらも、国民生活事業の様式の「2．借入金内訳」の欄と同様の返済計画を記載します。各金融機関に対する返済額は、計画開始時の元本の割合に応じて平等にします。

◆国民生活事業の様式はA3用紙1枚。小規模事業者はこの内容に一部追加して作成

国民生活事業の様式では、A3用紙1枚で実績および今後5年の数値計画と各年度ごとの改善に向けた具体策を記載するようになっています。数値計画も損益計画だけでなく、キャッシュフローや債務償還年数、実質自己資本の推移、債務超過解消年数、金融機関ごとの返済計画も記載するようになっています。事業概要および現状分析の項目がないので、①事業概要(沿革、組織、商品サービスの内容、ビジネスモデル)、②経営課題の抽出、SWOT分析などは、事前に検討するとより実効性の高い経営改善計画が策定できます。また別紙で添えることにより、金融機関に対する説得力も高まると思います。

◆記載例の概要

この記載例は、債務超過に陥った「洋菓子の製造販売業」を営む小規模企業が、金融機関に対し返済の猶予を申請する場合を想定して作成し

たものです。
　まず即効性のある方策として、役員報酬を引き下げ、契約の見直しによる経費の削減を行った上で、販売促進などによる売上高の増加により、将来の返済の原資となる利益率の向上へ向けた対策を講じます。
　それにより、5年以内の最終利益の黒字化、債務超過解消および、債務償還年数を10年～15年程度とすることを目指します。

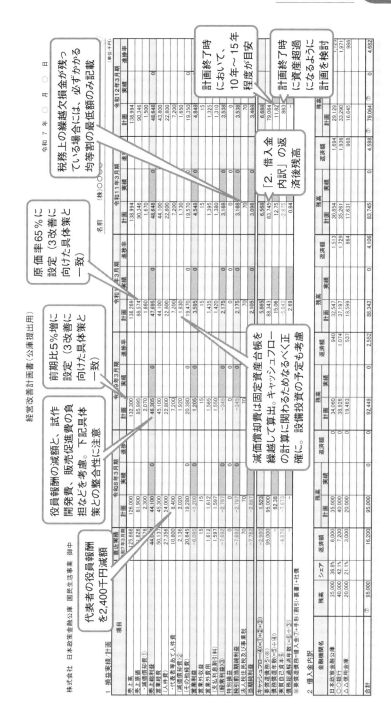

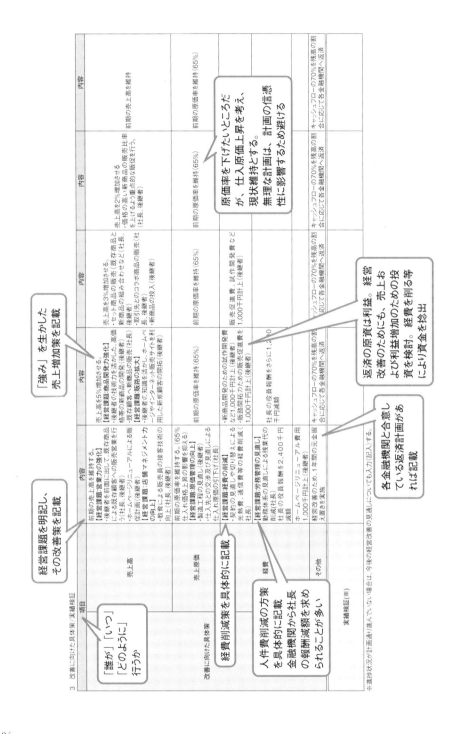

第3章 各種事業計画の作成

❷ 事業再建のための事業計画～事業再生計画～

①目的
◆**事業の根本的な見直しにより、財務内容の改善を図る**
　「事業再生計画」は、企業に収益性の見込める事業が残っていることを前提に、不採算部門を切り離し、返済条件を見直すなどの方策により、企業を再建させることを目的とします。

②特徴および留意事項
◆**厳しい状況からの再スタート。再生の実現可能性の判定がカギ**
　経営改善計画は既存の事業構造を基本としながら改善を目指します。これに対し事業再生が行われる場面では、企業の財務状態が相当痛んでおり、場合によっては既存の事業構造の改革まで踏み込んで、抜本的な見直しを行わなければならない点で違いがあります。
　通常、解消すべき債務超過の額も大きな額となるので、大きな利益を上げなければならず、傷んだ状態の企業にとっては容易なことではありません。
　したがって、再生の見込みがあるかどうかの判定を慎重に行った上で、再生計画策定を実施するか、清算に向かうかの選択を迫られるところに特徴があります。

◆**法的整理と私的整理がある。まずは私的整理により再生を目指す**
　事業再生の手段としては、「法的整理」と「私的整理」があります。
　法的整理は民事再生法などの法律に基づき、裁判所主導で手続きが行われます。法的整理は、整理を行う事実が社会に広く認知されることになり企業イメージにも傷が着くことになるため、通常はまずは私的整理により事業を再生することを目指すケースが多いと思われます。

◆**第三者機関の仲介制度**
　私的整理は、手続き上、合意が取れれば柔軟で迅速な対応ができ、また整理を行っている事実が一般には公開されないなどのメリットも多い

185

と言われています。その一方で、裁判所が介入しないため、手続きの不透明性が問題視されていました。

そこで、平成13年に「私的整理に関するガイドライン及び同Q&A」(私的整理ガイドライン)が作成され、第三者機関が仲介し金融機関等との交渉を行うことによって、第三者的立場として透明性を保ちながら私的整理が行えるようになっています。

【第三者機関の関与の例】

企業再生ADR	「裁判外紛争解決手続の利用の促進に関する法律」(2007年施行)に基づき、「産業競争力強化法」(2013年に前身の産活法を改正)において規定 弁護士等の第三者機関が金融機関等と債権者の交渉を調整
中小企業活性化協議会	中小企業の再生支援を行うため、各都道府県に設置される公的機関 具体的には以下のような支援を行う ●協議会が再生計画策定の費用を一部負担 ●協議会が再生計画案について、金融機関等と合意形成をサポート ●再生計画成立後定期的なモニタリングを実施

◆収益性の見込める事業の存在が前提。事業デューデリにより確認

また、事業再生には、収益性の見込める事業の存在が前提となります。収益が上がらなければ返済原資は捻出できず再生は困難となるため、事業デューデリジェンスを実施し、再生計画の核となるべき収益性の見込める事業の存在の有無を確認します。抽出した事業について、SWOT分析などの結果を踏まえ、マーケティング戦略の見直しなどにより、より収益性を高めるための事業計画を検討します

仮に収益性の見込める事業がないようであれば、やむを得ず法的整理への移行も検討することになります。

各種事業計画の作成　第3章

◆債権放棄、DDSなどの金融支援を要請することもある。認められるケースは限定的

　マーケティング戦略の見直しなどにより収益性の改善が見込める目途が立ったとしても、債務負担があまりにも大きく、リスケジュール（返済条件の変更）をしても債務を償還することが事実上難しいと思われる場合には、事業再生計画の中で、債権放棄やDDS（下記）などの金融支援を要請することがあります。

　債権放棄は、認められれば企業の財務内容を劇的に改善することもできますが、金融機関にとっては債権を切り捨てることになり、実損害が発生するため、現実的に認められるケースは限定的です。債権者である各金融機関がその債権額に応じて平等に切捨て額を決めることになりますが、何もせずに破綻して全額貸倒れになるより、協調して切捨てを行った方が、最終的な回収額が大きくなることが見込めることを再生計画において示せるかがポイントとなります。

　DDSとは「Debt Debt Swap」の略で、債務の種類を交換することを意味します。具体的には、通常の借入金を、劣後ローンなどの企業が破綻したときの返済順位が後になる借入金に変更することにより行われます。企業にとっては自己資本に近いものとして扱われるため、金融審査上、財務内容が改善されます。またDDSは、配当可能利益がない状態を想定して通常1％以下の事務コスト並みの金利で行われることが多いため、債務超過解消効果とともに金利低下による利益の向上を目的とすることが一般的です。ただし、金融機関にとっては債権放棄と違って実損額はこの段階では発生しないものの、返済の順位が下がることにより回収のリスクが大きくなります。したがって、債権放棄と同様、認められるのは簡単ではありません。

◆債権放棄を受ける場合には、税負担にも注意する

　債権放棄を受けた場合には債務免除益に対する課税が行われることがあります。原則として税務上の繰越欠損金を超える部分が課税対象となりますが、一定の再生手続きの中で債権放棄が行われる場合には、期限

187

切れの欠損金や資産の評価損を利用できることもあります。

　思わぬ税負担が再生計画の足かせにならないよう、顧問税理士等の専門家に計画策定段階で確認しておきましょう。

◆**債権放棄やDDSは実施されると経営の自由度が制限される**

　債権放棄やDDSは金融機関にとってはデメリットが大きいため、再生計画において、返済原資となる収益性の改善が見込めることおよび財務内容について信頼が得られるかがポイントとなります。再生計画策定を進める中で、債権者である金融機関と協議しながら要請するかどうかを検討します。

　また、認められたとしても、財務内容の報告義務やさまざまな特約条項などの厳しい条件が付されます。経営の自由度が制限され、株主責任や経営者責任、経営者保証がある場合には保証人責任を果たすように求められるので、経営者にとっては厳しい状況になる可能性もあります。

　したがってこれらの要請は、財務状況から考えてやむを得ない場合に、企業再生のための最終手段として行われることが多いと思われます。

③計画策定のポイント

現状分析（課題の抽出） → 改善目標の設定、再生案の検討 → 再生計画の策定

　ア．現状分析（課題の抽出）
　　ⅰ．現状分析その1：財務デューデリの実施

◆**財務状態の実態を把握する**

　　事業再生計画の策定の前提として、実質的な財務状況を把握することが必要です。例えば債務超過である場合には、一定期間（通常概ね5年間）の間にその解消が求められますが、正確な債務超過額が判明しないかぎり計画の策定のしようがないからです。

　　また、こうした会社の場合には、故意の有無にかかわらず、回収可能性に疑義のある資産が多く計上されていることが多く、再生計画策定の途中で粉飾決算などの事実が判明すると、債権者からの信頼が得られず、破産などの清算型の法的整理に進まざるを得なくなります。

入念な財務デューデリジェンスを実施し、実態の把握と債権者への開示を行います。

ⅱ．現状分析その２：事業デューデリの実施
◆既存事業を分析し、再生の基となる事業を抽出する

まず、財務デューデリにより把握した財務状態や事業ごとの業績数値などを前提として、赤字経営に陥り、再生を行わなければならなくなった原因を事業面から分析します。

さらにSWOT分析の手法などを組み合わせ、再生の核となる可能性のある事業を洗い出します。

イ．改善目標の設定、再生案の検討
◆目標となる必要利益額の算定。再生の実現可能性判定の基とする

アで把握した実態の財務状態をもとに、事業再生のための必要な利益額を見込みます。具体的には、借入金について契約通りの返済を滞りなく行うために必要な利益額を見積もり、経営改善計画と同じように、例えば借入金を10年で償還し、債務超過も解消するとした場合の必要利益額を改善目標として算出します。

◆必要利益額を獲得できる事業はあるか。難しければ法的整理も視野。専門家を利用する

必要利益額を獲得することができるかどうかを、事業デューデリジェンスの結果を踏まえ、売上計画および利益計画の中で検討します。

再生計画が成り立つかどうかは、既存事業の中からそのノウハウなどを生かすことにより事業再生を実現するための高い利益を獲得できる事業を見いだせるかどうかにかかっています。そのような事業がない場合には再生は困難となるため、法的整理も視野に入れざるを得なくなります。自社のみで検討するのは難しいので、第三者である専門家の意見も聞きながら、既存の製品、ノウハウから利益を生み出すための方策を検討します。

ウ．再生計画の策定
　ⅰ．詳細な数値計画の策定
◆返済計画の見直しも検討。金融機関の理解を求める
　再生計画の柱となる利益を獲得できる事業があることを前提として、金融機関との返済計画の交渉を行うため、詳細な数値計画を策定します。通常は、事業を再構築し黒字に転換するまでの間、返済の猶予を含めた、返済計画の見直しが必要となります。
　一定期間の返済猶予の後、黒字転換して返済が契約通り行えるようになるまでの過程を再生計画の中で示します。
　なお、上述した債権放棄やDDSなどの金融支援の要請を行う場合にはその内容も数値計画の中で示します。金融支援の結果、債務超過が解消あるいは縮小し、収益性の改善などと相まって、現状に比べ金融機関の回収可能性が高まるような計画となる必要があります。

◆数値は保守的に。計画と実績のずれが大きいと再生計画打ち切りも
　経営改善計画と同様、計画数値と実績のずれが大きいと、その段階で計画の信憑性が疑われ、金融機関からの支援が受けられなくなる可能性もあります。数値計画は実現可能性を重視し、保守的に行いましょう。

④「中小企業の事業再生等に関するガイドライン」の利用
◆金融機関との「平時」からの連携により「有事」に備える
　「中小企業の事業再生等に関するガイドライン」とは、経営改善に取り組む中小企業者が難局を乗り切り、持続的成長に向けて踏み出していくために、債務者である中小企業者と債権者である金融機関等が、一体となって事業再生等に向けた取組みを進めていくための方向性をまとめたものです。
　事業再生等に関する基本的な考え方として、中小企業者 の「平時」「有事*」「事業再生計画成立後のフォローアップ」の各段階に応じた中小企業者と金融機関の果たすべき役割を明確化し、整理しています。

＊ガイドラインでは「収益力の低下、過剰債務等による財務内容の悪化、資金繰りの悪化等が生じたため、経営に支障が生じ、または生じるおそれがある場合」を「有事」としています。

⑤「経営改善計画策定支援事業(405事業)中小版GL枠」の利用
◆国の費用負担で専門家の支援が受けられる
　事業者が、金融支援を伴う本格的な事業再生または廃業のために、中小版GLに基づく計画※を策定する場合に、中小企業活性化協議会が、DD・計画策定支援・その後の伴走支援に要する費用（認定経営革新等支援機関である専門家への報酬）の2/3を負担します。

　事業再生計画策定には専門的な知識も必要となりますが、厳しい財務状況における経費負担を考えると、事業再生においては利用すべき制度です。

支援枠	補助対象経費	支援割合（上限）
中小版GL枠※	DD費用等	2/3（上限300万円）
	計画策定支援費用	2/3（上限300万円）
	伴走支援費用	2/3（上限100万円）

※中小企業の事業再生等のためにガイドラインに基づいた取組みが交付要件

⑥企業再建計画書の記載例
　ここでは、日本政策金融公庫から「企業再建資金」の融資を受ける際に作成する「企業再建計画」の記載例を示します。

　企業再建資金は、前述した中小企業活性化協議会や、企業再生ADR等による第三者機関や民間金融機関などの支援を受けて企業再生を行う中小企業に対して融資を行う制度で、企業再建計画は、金融機関関連枠で申し込む際に必要となります。

　通常の事業計画と同様、現状分析（1．現行の経営状況・問題点、2．業績悪化の原因）、戦略立案（3．事業再構築計画の具体的内容、4．前3を踏まえた今後の見通し）、数値計画（5．業績推移と今後の計画、6．借入金の返済計画）から構成されています。

◆記載例の概要

　以下の記載例は、大手学習塾の参入などにより経営難に陥っている地域密着型の学習塾を行う企業を想定しています。

　不採算校の閉鎖による経費削減と、経営資源の集中による指導の質の向上により大手学習塾との差別化を図り、再生の原資となる利益率を向上させ、企業の再生を目指します。

　なお、記載例は日本政策金融公庫の「企業再建資金」の融資を受けるための「企業再建計画書」を基にしているため、「6 借入金の返済計画」において、融資を行っている日本政策金融公庫、銀行、信用金庫が協調して融資を行うという計画になっています。

〈「企業再建計画」記載例〉

企業再建計画書

令和○年○月○日

ご署名またはゴム印（社判）を押印ください。

住　　　　所　○○県○○市○○１－２
商号又は名称　㈱○○○
代　表　者　名　○○○○

1　現行の経営状況・問題点

> 経営状況の概況を記載

【現行の経営状況】
・昭和○○年創業の学習塾
・○○県内に現在ABCの3校を運営。講師、事務員等の従業員数20名。
・売上は減少傾向にあり、本店であるA校は横ばいであるものの、○○地区のB校及び○○地区のC校は年々減少している。
【外部環境、内部環境】
・生徒一人当たりの教育への投資額は増加傾向にある（機会）
・情報通信の進歩により、オンライン授業などが可能となった（機会）
・少子化の進展の影響により受講者数が減少傾向（脅威）
・大手学習塾の参入により競争が激化している（脅威）
・長年にわたり培われた独自の指導ノウハウ（強み）
・長年の指導経験をもつベテラン講師の存在（強み）
・資金及び講師の人数等の経営資源が不足している（弱み）
・自習室のスペースなど、設備の充実度が低い（弱み）

> 「SWOT分析」を行う（機会、脅威、強み、弱みの分析）

【問題点】
・競合の参入などによりB校及びC校の売上が減少している。
・講師の質が低下。
・人件費、家賃等、経費の負担が増加し、利益が圧迫されている。
・出店のための借入れ負担が大きく、利益の減少と相まって返済が一部滞り債務超過に陥っている。
・ベテラン講師が多いこともあり、管理業務がIT化されていない。

> SWOT分析などをもとに問題点を抽出

2　業績悪化の要因

【競合の参入】
・B校・C校の周辺では、知名度の高い大手学習塾や低価格志向の強い中堅学習塾の参入があった。
【人材不足】
・講師人材が不足している中、特にB校及びC校に関しては、引退したベテラン講師の補充を学生のアルバイト講師にも頼らざるを得なかった
・人材不足のため、講師の賃金水準が上がっており、人材流出を防止するためには採用している講師に対する給料も上げざるを得ない。
【開校時借入の返済負担】
・B校およびC校開校のための借入金の増加（○千万円）による返済負担の増加

> 抽出した問題点が生じた原因を記載

3 事業再構築計画の具体的内容

> 再建のための一部撤退を伴う抜本的見直し案を記載

【不採算部門からの撤退】
・不採算部門であるＢ校及びＣ校を閉鎖して、本校であるＡ校にヒト、モノ、カネ、情報などの経営資源を集中する。
【指導の質の向上】
・経験豊富な講師がＡ校専属になることにより、学習指導の質の向上を図る。
【強みを生かし、競合との差別化を図る】
・当社の「強み」である長年にわたり培われた指導ノウハウを生かし、「受講生一人一人に寄り添ったベテラン講師による丁寧な指導」を売りにして、大手進学塾との差別化を図る。
【業務効率化】
・生徒の成績、スケジュール管理、講師ナレッジの共有化、保護者とのスムーズな情報共有等の機能を有する〇〇社のアプリを導入し、業務効率化を図ることで、講師のマンパワーを学習指導に集中させる。〇〇社アプリは導入費用ゼロ、増加ランニングコストは月〇万円程度。
【値上げによる利益率の向上】
・受講価格の値上げを行い、ターゲットを「良い教育には相応のお金をかける」比較的所得の高い層に絞り、大手との競争を避けるとともに利益率の向上を図る。
【販売促進の強化】
・ホームページをリニューアルし受験に関するきめ細かな情報発信を行うとともに、「受講生一人一人に寄り添ったベテラン講師による丁寧な指導」という指導方針を強調する。これにより大手塾との差別化要因をアピールすることで、受講生の増加につなげる。
【キャッシュフローの改善による借入金の圧縮】
・上記により売上高及び利益額の増加を図り、キャッシュフローを改善することにより、借入金の圧縮を図る。

> 長年の指導ノウハウとベテラン講師という「強み」を活かし差別化を行うことにより、競合となる大手学習塾の「脅威」に打ち勝つ（クロスＳＷＯＴ分析　Ｐ32参照）

4 前3を踏まえた今後の事業見通し

> 黒字転換の時期を記載

【黒字転換、債務超過解消】
・不採算校の閉鎖による経費削減、大手学習塾との差別化を強調した販売促進や単価向上により、本校であるＡ校の売上高の増加及び利益率の向上を図り、令和9年6月期に黒字転換させる。
・令和10年6月期以降には、ＷＥＢマーケティングの強化による販売促進策やオンライン授業の導入などによる労働生産性の向上等により売上高及び利益率のさらなる向上をはかり、財務状況を改善させる。
・上記により借入金の返済を進め、令和12年6月期には債務超過を解消する。

> 債務超過解消の時期を記載

各種事業計画の作成 第3章

5 業績推移と今後の計画

(単位:千円)

売上高:期中に校舎を3校から1校に減らしたことに連動して減少

売上高:販促等により、毎年5%ずつ増加

		前々期実績 R5/6期	前期実績 R6/6期	計画1期目 R7/6期	計画2期目 R8/6期	計画3期目 R9/6期	計画4期目 R10/6期	計画5期目 R11/6期	最終目標 R12/6期
売上高		97,678	95,672	55,362	36,000	37,800	39,690	41,675	43,758
売上原価		0	0	0	0	0	0	0	0
	うち減価償却費	0	0	0	0	0	0	0	0
売上高総利益		97,678	95,672	55,362	36,000	37,800	39,690	41,675	43,758
販売管理費		98,386	97,687	56,358	36,120	36,000	36,000	36,720	37,454
	人件費	57,690	58,120	28,350	19,800	20,790	21,830	22,921	24,067
	うち役員報酬	7,200	7,200	4,800	4,800	4,800	4,800	6,000	6,000
	賃借料	10,800	10,800	5,387	3,600	3,600	3,600	3,600	3,600
	減価償却費	4,680	4,354	2,834	1,653	1,570	1,491	1,416	1,346
営業利益		-708	-2,015	-996	-120	1,800	3,690	4,955	6,304
	営業外収益	17	16	11	10	10	10	10	10
	営業外費用	889	879	887	900	888	876	796	715
経常利益		-1,580	-2,878	-1,872	-1,010	922	2,824	4,169	5,599
特別損益		0	0	-7,038	0	0	0	0	0
▲法人税等		70	70	70	70	70	70	70	70
当期純利益		-1,650	-2,948	-8,980	-1,080	852	2,754	4,099	5,529

特別損失:校舎撤退による損失

当期純利益:上記4(事業の見通し)に記載した黒字転換の時期と一致

6 借入金の返済計画

(単位:千円)

借入先		前々期実績 R5/6期	前期実績 R6/6期	計画1期目 R7/6期	計画2期目 R8/6期	計画3期目 R9/6期	計画4期目 R10/6期	計画5期目 R11/6期	最終目標 R12/6期
既存借入金	日本公庫	15,780	14,820	21,860	20,660	19,460	18,260	15,860	13,460
	○○銀行	23,450	22,010	28,570	27,130	25,690	24,520	21,370	18,490
	○○信用金庫	12,380	11,420	10,460	14,500	13,540	12,580	10,660	8,740
新規借入金	日本公庫				8,000				
	○○銀行				8,000				
	○○信用金庫				5,000				
合計		51,610	48,250	76,890	67,290	58,690	55,360	47,890	40,690

7 その他【企業再建資金(企業再生貸付)の対象者要件】

☑ 下記記載事項を確認し、理解しました。

確認の上、チェック

〈参考〉企業再建資金（日本政策金融公庫）

利用対象	<1. 企業再建関連> 次のいずれかの機関等の関与の下で事業の再建を図る方 　（1）㈱整理回収機構 　（2）中小企業活性化協議会 　（3）㈱地域経済活性化支援機構 　（4）㈱東日本大震災事業者再生支援機構法第59条に規定する産業復興相談センター 　（5）㈱東日本大震災事業者再生支援機構 　（6）独立行政法人中小企業基盤整備機構が出資する投資事業有限責任組合 　（7）中小企業の事業再生等に関するガイドラインに規定する第三者支援専門家 <2. 民間金融機関関連> 適切な再生計画を策定し、取引金融機関の支援を受けて企業再生を図る方 <3. 認定支援機関関連> 次のいずれかに該当する方 　（1）認定支援機関による経営改善計画策定支援事業を利用して経営改善に取り組んでいる方 　（2）過剰債務の状況に陥っている方が経営改善計画の策定を行い、認定支援機関による指導および助言を受けており、かつ、同計画に対する関係金融機関の合意が確認できる方 <4. 条件変更先関連> 金融機関からの事業資金の借入について、弁済にかかる負担の軽減を目的とした条件の変更を行っている方
資金使途	企業の再建を図る上で必要となる設備資金および運転資金
融資限度額	7,200万円（別枠）
返済期間	設備資金20年以内＜うち据置期間2年以内＞ 運転資金15年以内（一定の要件を満たす場合は20年以内） （うち据置期間2年以内）
利率（年）	利用対象により以下の通り 1に該当：[特別利率C] 2に該当：[基準利率]、[特別利率A] 3に該当：[特別利率B] 4に該当：[基準利率]

担保・ 保証人	相談による
融資条件 など	利用対象の2または4に該当 「合理的な理由なしに企業再建計画の実行を怠らないことおよび当該計画に記載された事項に背反しないこと。」が要件。 利用対象の3（2）に該当 「借主が策定した経営改善計画期間内において、年1回以上、経営改善計画進捗状況を公庫に報告すること」が要件。 上記の要件を満たさなくなったことが判明した場合、繰上償還（特別利率での融資の場合、基準利率による利息相当額と約定利率による利息相当額との差額の支払いが必要）。 さらに、利用対象の2に該当し、「民間金融機関の融資を事後確認する場合」は、融資後、「融資に基づく公庫への借入申込日から3か月以内に、借入残高が最も多いまたは次に多い金融機関から融資を受けたことが確認できる資料を公庫に提出すること」を要件として特別利率を適用。
併用できる 特例制度	経営者保証免除特例制度 設備資金貸付利率特例制度（東日本版） 賃上げ貸付利率特例制度

Ⅴ 事業継続のための事業計画

◆いざというときのための計画、日頃からの準備が大事

　事業継続のための計画として代表的なものには、「事業承継計画」と「事業継続力強化計画」があります。

　「事業承継計画」は世代間での事業の引継ぎのために作成し、経営者の交代を伴うものです。後継者不足により廃業せざるを得ない中小企業が増えており、その対策としても重要です。

　「事業継続力強化計画」は、中小企業が自然災害などにより事業活動の継続に支障を来す事態になった場合にも早急に復旧し事業継続が図れるように事前に作成しておく計画です。

　いずれの計画も、日々の経営に追われがちな中小企業の経営者にとっては、その策定は後回しになりがちです。しかし、「事業継続」という経営者にとって、従業員や地域社会に対する責任として重要な目的のための計画ですので、早いうちから準備するよう心掛けましょう。

❶ 事業の承継のための計画〜事業承継計画〜

①目的

◆後継者問題の解消を目指す

　後継者不足の中、中小企業にとって事業承継は解決すべき大きな課題です。従業員や地域社会にとっても事業の継続は必要であり、経営者が責任をもって取り組まなければなりません。特に中小企業は経営者の存在が大きく、その交代は企業にとってその存続をかけた重大事です。ある程度時間をかけて準備をする必要があり、事業の整理も含めた計画は、早くから検討する必要があります。

　また後継者不足の中、親族以外の後継者もその候補にすることもあり、その場合には特に計画的な承継が必要となります。

　「事業承継計画」は、事業を継続するために引き継ぐべき事項やそのスケジュールを明確にし、後継者がスムーズに事業を引き継ぐことを目的

としています。

②特徴および留意事項
◆**親族内承継か、親族外承継か**
　事業承継の形態としては、大きく分けて親族内承継と、親族外承継に分けられます。

　親族内承継とは、経営者の子ども等の親族に株式を譲渡または贈与することや相続などによって事業を引き継がせることであり、親族外承継は、親族以外の役員・従業員または、企業外部の第三者に株式を譲渡することなどによって実施します。

　いわゆるM＆Aによる承継も親族外承継の1形態であり、近年では、仲介業者も多く存在しています。

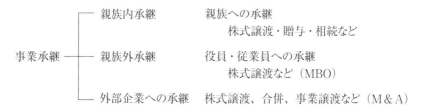

【親族内承継および親族外承継のメリット・デメリット】

	メリット	デメリット
親族内承継	●創業者の事業を一族に残せる ●従業員や関係者などにとって抵抗が少ない	●承継する意欲と能力がある親族がいるとは限らない ●後継者以外の親族との財産の分配割合に関する調整が必要
親族外承継	●経営に適した優秀な人材を広く集めることができる ●売却代金等により、創業者利益を享受できる場合がある ●他社の優れた経営ノウハウなどを取り入れることができる。	●健全で魅力のある事業でないと買い手はなかなか見つからない ●事業が創業者一族の手から離れてしまう

◆後継者、従業員、金融機関等の取引先の理解を得る

　事業承継計画を開示することによって、計画内容を後継者や従業員、金融機関等の取引先の理解を得ることにもつながります。特に後継者とは計画策定段階から相談をし、意思疎通をしておくとより効果的です。

③計画策定の流れ

　他の事業計画と同様、現状の分析を行い、承継目標の設定（後継者選び、承継方法の検討）をしたのち、計画の策定を行います。

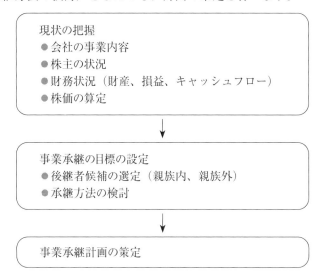

④計画策定のポイント

　事業承継計画書を作成する際、その前提となる事業承継についての理解が必要です。まず、事業承継の基本となる事項について解説します。

　なお、事業承継は本来「経営権の承継」と「所有権の承継」の2つの領域があります。前者に関しては、経営者の交代をスムーズにするために、いかに経営状況を良好にしておくか、つまり課題→解決策→業績アップの道筋を明確にすることがメインテーマであり、これまでの事業計画作成に関する説明を参照してください。以降は後者について解説します。

ア．現状の把握
◆**株主の確認、集約**

　事業承継を行うにあたっては、後継者に株式を集中させるため、株主を特定することはその第一歩となります。特に歴史の長い会社の場合には株主が散らばっていることも多く、名義株など所有者が株主名簿の株主と一致しない株式が存在することもあります。

　事業承継時のトラブルに発展しないよう、可能であれば、分散した株式の集約や名義株の登録の修正などを進めておきましょう。

◆**株価の把握が大切**

　親族内承継の場合には、まずは株式の譲渡または贈与を検討しますが、株価が高い場合には、税負担が高額にならないよう、スケジュールを決めて、一部の譲渡等から始める等の検討を行います。良い業績の会社ほど株式の評価額が高くなり、税負担が事象承継の足かせとなることがあるため、会計事務所に依頼するなどして、相続税評価額を把握しておくことが大切です。

　親族外承継の場合には、株式の譲渡契約を締結することにより、会社ごと譲渡する場合と、会社分割や事業譲渡により、対象事業のみを承継することもあります。この場合でも、売却価額の交渉のため、自社の企業価値を把握しておきます。

◆**信頼性の高い財務情報を提供する**

　特に親族以外の後継者にとっては、会社の財務状況は、事業を引き受けるか否かの判断にあたって重要です。

　決算書などの財務情報が適正でなく、簿外債務の存在などが疑われる場合には、事業承継は成り立ちません。

　事業承継の場面に限りませんが、日頃から、精度の高い月次決算や年次決算により信頼性の高い財務情報の提供を心がけましょう。

イ．事業承継の目標の設定（後継者、承継方法の選択）
　ⅰ．後継者選び
　事業承継は、後継者選びがすべてといっても過言ではありません。
　中小同族会社では、後継者を子どもなどの親族から選ぶことが多いですが、近年の後継者不足から、親族外の第三者を後継者として選ぶことも選択肢の一つとなっています。

◆健全な経営が後継者問題解決のカギ

　最近では、親族である後継者でさえも、業績や資産状態の良い会社でなければ承継しないという選択をすることも多く、多額の債務や個人保証は、後継者のなり手がいない原因となります。ましてや親族外後継者の場合には、健全で将来性のある魅力ある事業でなければ、引き継ぐことはないでしょう。
　事業承継というと、とかく方法などのテクニック的なことにばかり気をとられがちですが、それよりも健全な経営を続けることこそが、事業承継において大前提となる後継者問題解決のカギであることを忘れないようにしましょう。

◆後継者複数の場合には、会社分割による分社化も選択肢の一つ

　兄弟など複数の後継者を予定している場合には、会社分割により事業を切り分け、分社化しておくことも選択肢の一つです。その場合には、各後継者にそれぞれの会社の株式譲渡等を行うことになります。

　ⅱ．承継方法の選択
◆株式の譲渡・贈与、事業譲渡、合併・分割、遺言・信託

　事業承継の手続きとしては、株式の贈与、譲渡による方法のほか、外部の企業に対して合併により会社全体の経営権を承継する方法、事業譲渡または会社分割等により事業の一部を承継する方法があります。
　また、遺言や信託を利用して後継者を指定しておき、相続が発生し

た際に、現経営者の意向を反映した事業承継を行おうとする方法もあります。

 a. 株式の贈与
◆**贈与税、遺留分対策の検討を行う**
 主に親族内承継の場合に、贈与者と受贈者の贈与契約により行われ、相続税評価額に基づき贈与税の申告納付を行います。手続きは単純ですが、業績の良い会社の場合、贈与税が高額となることがあり、また、将来の相続の際に、遺留分侵害請求をなされることがあり、注意が必要です。
 贈与税対策として「事業承継税制」、遺留分対策として「遺留分に関する民法の特例」の適用も検討します（P207参照）。

 b. 株式の譲渡
◆**親族間の場合には価額に注意する**
 譲渡者と譲受者との間の譲渡契約により行われ、譲渡者は売却価額を基に譲渡所得金額を算定し、譲渡所得税等を申告納税します。
 売却価額は親族外の第三者への売却の場合には、双方が交渉により合意した金額で行い、親族間の場合には、贈与認定されないよう、純資産価額などを考慮した金額により行います。

 c. 事業譲渡
 事業譲渡契約を結び、対象事業を譲渡します。事業に必要な資産は個別に譲渡手続きを要し、譲渡した会社は譲渡後も存続するため、完全に廃止する場合には別途清算手続きも必要になります。

 d. 合併、分割など組織再編行為
 合併は会社ごと相手方に承継する場合に用いられ、合併契約により会社の資産負債を包括承継させます。また、分割は事業単位で相手方に承継させる場合に用いられ、分割契約により対象事業の資産負債を

包括承継させます。いずれも事業譲渡と違い資産負債の個別の譲渡手続きは要しませんが、官報公告や個別催告など、債権者保護手続きが必要となります。

e. 遺言による株式の承継

創業者に相続が発生した場合、後継者に株式（会社の場合）を集約しないと事業経営に支障をきたします。相続発生後に創業者の意思を実現する方法としては遺言や信託などがあります。ある程度の年齢になり後継者の目途もついた段階で万が一に備えることも必要です。

【各手続きのメリット・デメリット】

	メリット	デメリット
株式の贈与	●手続きが簡単	●贈与税が高額になることがある ●遺留分にも注意を払う必要がある
株式の譲渡	●手続きが簡単	●譲渡代金および譲渡所得税等が高額になることがある
合併	●個別資産ごとの承継手続きを要せず、包括承継できる	●資産は包括承継できるが、登記手続き、債権者保護手続きなどの手続きが必要
事業譲渡	●承継の範囲を自由に設計でき、必要な事業ごとに承継できる	●承継する資産ごとに個別の承継手続きを行うことになり煩雑 ●許認可等は引き継がれないため、事業に必要な場合には、改めて取得する必要がある
会社分割	●承継の範囲を自由に設計でき、必要な事業ごとに承継できる ●個別資産ごとの承継手続きを要せず、包括承継できる ●後継者が複数いる場合に有効	●資産は包括承継できるが、登記手続き、債権者保護手続きなどの手続きが必要

ウ．事業承継計画の策定
　ⅰ．事業承継の準備
　事業承継にはある程度の準備期間が必要です。後継者への経営権の集約のためには、株価対策を考慮した計画を立てた上で、ある程度の時間をかけて実行する必要があります。
　ａ．後継者への株式の集約
◆創業時から不必要な株式の分散は避ける
　中小企業の後継者選びは簡単ではありませんが、仮に後継者が決まっても、株式が分散していると後継者に集約することが難しくなり事業承継が進まないことがあります。
　事業パートナーに対する付与など、事業遂行上必要な場合は別として、創業時から不必要な株式の分散は避け、後継者が決まったら、集約しやすいようにしておくことが大切です。

◆種類株式の活用は限定的に
　株価の高騰により株式の集約が難しい場合には、種類株式（P63参照）を活用することにより、少ない株式数でも後継者へ議決権を集約することもできます。具体的には無議決権株式を発行し、議決権のある普通株式は現経営者および後継者に集約するか、あるいは拒否権付株式を発行して現経営者が取得しておきます。ただし、既に発行した普通株式を無議決権株式にすることや拒否権付株式の発行に同意を得るのは容易ではありませんので、配当優先株にすることも含め他の株主と交渉します。
　なお、議決権は制限できても、配当の負担が生じ、また、いずれ買い取らなければならない事態も想定されるため、種類株式の利用はやむを得ない場合に限定的に行い、まずはなるべく株式自体の集約を検討しましょう。

　ｂ．株価対策
◆早く始める方がよい。会計事務所と連携する

業績が順調に推移すると、株式の相続税評価額が高くなり、事業承継の足かせになることがあります。後継者候補がいる場合には、株式が高額になる前に株式の譲渡あるいは贈与を進め、また、分社をして業績の良い会社の株式を後継者に持たせるなどの方法があり、早めの対策が効果的です。

　なお、株式の相続税評価額を決算期ごとに算出することは、株価対策の第一歩です。評価には複雑な要素も絡みますので、会計事務所などと連携しながら進めるとよいでしょう。

　　c. 事業承継税制
◆**贈与または相続時の税負担を軽減**

　後継者が、「中小企業における経営の承継の円滑化に関する法律」（以下「経営承継円滑化法」）の認定を受けた非上場会社の株式等を贈与または相続により取得した場合に、一定の要件のもと、贈与税または相続税に関し、その納税を猶予または免除する制度です。贈与税や相続税の納税が足かせとなって事業承継が進まない中小企業のための救済措置といえます。

　適用にはいくつかの要件を満たす必要がありますので、会計事務所などと相談しながら進めます。

　なお、同制度には特例措置と一般措置があり、違いは以下の通りです。

	特例措置	一般措置
事前の計画策定	特例承継計画の提出（令和8年3月31日まで）	不要
適用期限	10年以内の贈与・相続等（令和9年12月31日まで）	なし
対象株数	全株式	総株式数の最大3分の2まで
納税猶予割合	100%	贈与100% 相続 80%
承継パターン	複数の株主から最大3人の後継者	複数の株主から1人の後継者
雇用確保要件	弾力化	承継後5年間平均8割の雇用維持が必要
経営環境変化に対応した免除	あり	なし
相続時精算課税の適用	60歳以上の者から18歳以上の者への贈与	60歳以上の者から18歳以上の推定相続人・孫への贈与

d. 経営承継円滑化法による「遺留分に関する民法の特例」

◆**遺留分の計算から自社株を除外または価額を合意時の価額に固定する特例**

　事業承継の際、後継者を含めた先代経営者の推定相続人全員の合意により、先代経営者から後継者に贈与等された自社株式などの価額について、①遺留分を算定するための財産の価額から除外（除外合意）、または ②遺留分を算定するための財産の価額に算入する価額を合意時の時価に固定（固定合意）をすることができる制度です。

　この特例を利用するには、以下のそれぞれの要件を満たした上で、「推定相続人全員および後継者の合意」を得て、「経済産業大臣の確認」および「家庭裁判所の許可」を受けることが必要です。

会社	●中小企業者であること ●合意時点において3年以上継続して事業を行っている非上場企業であること
先代経営者	●過去または合意時点において会社の代表者であること
後継者	●合意時点において会社の代表者であること ●先代経営者からの贈与等により株式を取得したことにより、会社の議決権の過半数を保有していること

⑤事業承継に関する公的支援制度

◆中小企業の事業承継を国が後押し

ア．事業承継・引継ぎ支援センター

　国が各都道府県に設置する「事業承継・引継ぎ支援センター」において、事業承継全般に関する相談対応や事業承継計画の策定、M&Aのマッチング支援などを原則無料で実施しています。

	事業の概要
第三者承継支援	事業者とのマッチング支援、M&A方針策定の上登録支援機関を紹介
後継者人材バンク	創業を希望する個人とのマッチング
親族内承継支援	円滑な事業承継のための事業承継計画策定支援
支援ニーズの掘り起こし	ネットワーク構成機関が連携し、事業者の気づきを促し、プッシュ型事業承継診断を行う

問合せ先：各都道府県事業承継・引継ぎ支援センター

イ．事業承継・引継ぎ補助金

　国は、事業承継を契機として新しい取組み等を行う中小企業等を支援するために、以下の補助金の制度を設けています。

【支援枠の概要】

	経営革新枠	専門家活用枠	廃業・再チャレンジ枠
内容	事業承継・M&A後の経営革新に係る費用を補助	M&A時の専門家活用に係る費用を補助	事業承継・M&Aに伴う廃業等に係る費用を補助
補助上限	600～800万円	600万円	150万円
補助率	1/2・2/3	1/2・2/3	1/2・2/3
対象経費	店舗等借入費、設備費、原材料費、旅費等	謝金、旅費、外注費、委託費等	廃業支援費、在庫廃棄費、原状回復費等

問合せ先：事業承継・引継支援センター
　　　　　経営革新枠：050-3000-3550
　　　　　専門家活用枠／廃業・再チャレンジ枠：050-3000-3551

⑥事業承継計画書の記載例

　事業承継計画書の作成例として、事業承継・引継支援センター（次ページ参照）が公開している事業承継計画書のほか、日本政策金融公庫の「事業承継・集約・活性化支援資金（企業活力強化貸付）」を利用する際の事業承継計画を取り上げます。

　　ア．事業承継・引継支援センターの事業承継計画のフォーマットを使用した記載例（フォーマットは神奈川県事業承継・引継支援センターのホームページで公開）

◆記載例の概要

　以下の記載例は、電子機器の製造業を行う中小企業が、計画3年目に後継者となる長男に会社代表権を承継し、役員退職金の支給により株価の下がったタイミングで、株式の譲渡を進めることを想定しています。

　経営権の承継のみならず、後継者に対し経営者としての教育を行い、さらに企業の現状分析から経営課題を抽出した上で経営戦略を策定し、事業継続のための基礎を固めつつ、5年間で事業承継を実現することを目指します。

親 書式7

事業承継計画書

（親族内承継）

作成日　令和〇年　〇月　〇日

株式会社〇〇〇

本書式は、表紙、事業承継計画分析表、事業承継計画書をセットで作成ください。

第3章 各種事業計画の作成

事業承継計画書

> 先代経営者、後継者のみならず、社員、主要取引先などの関係者も含めて、基本方針を共有する

> 本計画では、計画3年目を事業承継の時期として設定

社名	株式会社〇〇〇〇	後継者	親族内承継

基本方針
- 会社代表権は、計画2年目終了後に後継者に承継する。
- 株式は、段階的に後継者への移転を進め、計画5年目終了時に予定する現社長引退時には、後継者への100%の移転を完了する。
- 現社長に集中している会社運営のノウハウなどを、今後5年間で後継者に移転する。
- 後継者はまず会社の現状把握を行い、その後、当初は現社長の指導のもと、会社の戦略立案などの経営管理について後継者への移転を進める。

項目		現在	1年目(R8/3期)	2年目(R9/3期)	3年目(R10/3期)	4年目(R11/3期)	5年目(R12/3期)
事業計画	売上高	256	257	258	260	265	280
	経常利益	5	5	5	6	8	20
会社	定款・株式その他		株主把握・経営理念明確化・経営会議の常設・新規採用	新規採用・現場責任者育成	役員退職金支給		
現経営者	年齢	70	71	72	73	74	75
	役職	代取	代表取締役社長	代表取締役社長	取締役会長	取締役会長	取締役会長
	関係者の理解		親族、従業員、顧客、外注先など	従業員、顧客、外注先など	従業員、顧客、外注先など		
	後継者教育		経営ノウハウ、既存顧客引継ぎ	経営ノウハウ、既存顧客引継ぎ	既存顧客引継ぎ	既存顧客引継ぎ	既存顧客引継ぎ
	株式・財産の分配						
	持株(%)	100	100	100	33	33	0
					後継者へ株式譲渡		後継者へ株式譲渡
後継者	年齢	45	46	47	48	49	50
	役職	取締役	専務取締役	専務取締役	代表取締役社長	代表取締役社長	代表取締役社長
	後継者教育 社内		経営ノウハウ、既存顧客引継ぎ	経営ノウハウ、既存顧客引継ぎ	既存顧客引継ぎ	既存顧客引継ぎ	既存顧客引継ぎ
	後継者教育 社外		新規顧客開拓・業者開拓	新規顧客開拓・業者開拓	新規顧客開拓・業者開拓	新規顧客開拓・業者開拓	新規顧客開拓・業者開拓
	持株(%)				67	67	100
					現経営者より株式譲受		現経営者より株式譲受

> 創業者の役員退職金は高額。株価が下がったタイミングで株式譲渡

> 円滑な承継のため、関係者の理解を求める

> 株価によっては、退職金支給時に合わせ、全株譲渡も検討

> 後継者教育が事業承継のカギ。権限の委譲を同時に進める

> 2/3以上取得で株主総会特別決議を単独で行える

補足
- 代表者の変更:令和9年3月期終了後の定時株主総会にて変更
- 株式の譲渡:代表取締役社長の変更時に2/3を後継者へ譲渡。その後、現社長の引退時までに残りの1/3の譲渡を完了。(令和12年3月期を想定)

【注意】計画の実行にあたっては、別途専門家と十分に協議した上で行ってください。

令和 7年 7月 31日

本事業承継計画に合意します。

現代表者　住所　宮城県仙台市〇〇4-5-6
　　　　　氏名　〇〇　〇〇 (自署)

後継者　　住所　宮城県仙台市〇〇7-8-9
　　　　　氏名　〇〇　〇〇 (自署)

事業承継計画分析資料

> 後継者以外の親族や第三者に分散しているときは、なるべく早めに買い集めておく

1. 会社の概要

会社概要

会社名	株式会社〇〇〇〇
住所	宮城県仙台市〇〇1-2-3
資本金	1,000万円
従業員	10名
業種	電子機器製造業
事業内容	自動車及び一般家庭向け電子機器製造など

沿革

昭和52	個人事業にて創業
昭和62	会社設立
令和2	本社を現在地へ移転

主要株主

株主名	保有株式数（株）	割合	備考
〇〇〇〇	1,000	100.0%	創業者 現代表取締役
		0.0%	
		0.0%	
		0.0%	
		0.0%	
発行済株式数	1,000	100%	

親族関係者及び後継者

氏名	年齢	続柄	備考
〇〇〇〇	70	本人	代表取締役社長
〇〇〇〇	45	長男	令和6年5月に取締役就任

経営者資産状況等

項目	評価額（万円）	備考
自宅土地	7,000	
自家家屋	1,000	
現預金	3,500	
その他	約5,500	自社株の評価額
その他		
合計	約17,000	
特記事項		

会社財務状況

項目	金額（万円）	備考
売上高	25,658	令和7年3月期
経常利益	536	
当期利益	347	
総資産	8,254	土地含み益約3千万円あり
純資産	2,529	
借入残高	5,725	
特記事項		

> 自社株の評価は、毎期行っておく

> 現状の把握・分析は計画策定上重要。事業承継計画立案の前提となる

2. 事業の分析

SWOT分析

自社の強み
- 会社設立以来30年近くの実績に対する信頼、知名度
- 実績としての正確な納期
- 機械設備：〇〇、〇〇〇〇などの充実した設備
- 取引先、提携先との長年にわたる良好な関係
- 専門性の高い社員の存在

自社の弱み（経営課題）
- 経営管理業務、経営ノウハウの現社長への集中
- 若手社員の新規採用が進まず、従業員の年齢層が高い
- 下請け業者の層が薄い
- 価格設定が製品の付加価値に対して割安

事業機会
- 取引先の幅が広く、売上拡大の機会がある
- 〇〇の需要が拡大しており、市場の成長が見込める。
- 製造機器の性能の向上

事業脅威
- 物価上昇に伴う資材価格、人件費水準の高騰
- 価格に敏感な顧客の増加
- 需要の拡大に伴い、競合他社が増加

> 現状分析から、経営課題を抽出

3．経営課題の整理

☐ 事業承継における経営課題の整理

	課題	解決の担い手	優先度
会社	・経営理念の明確化 ・従業員の士気向上 ・新規若手社員の採用 ・円滑な承継、株価対策 ・経営会議の月次開催	現経営者 後継者 顧問税理士	3
経営者	・後継者への経営ノウハウ伝授 ・後継者への人脈引継ぎ ・後継者独自の経営戦略立案をサポート	現経営者 金融機関 コンサルタント 顧問税理士	2
後継者	・現社長が持つ経営ノウハウを習得する。 ・社員とのコミュニケーションを積極的に行う ・現経営者の顧客、提携先等の人脈を引継ぐ。 ・経営の現状把握を行い、自ら経営戦略の立案を行う。 ・未経験部門など、すべての部門の業務を把握する。	後継者	1

4．円滑な事業承継への骨子

【株主及び代表者の変更時期、株式譲渡の割合、開業・廃業の時期に係る合意内容を明記のこと】

後継者育成スケジュール（案）
・顧客・取引先：新規取引先営業は後継者が担当
・経営ノウハウ：今後5年間で段階的に後継者へ引継ぎ
・財務管理：社長が指導を行い、金融機関、顧問税理士が指導の補助を行う。
・経営戦略：社長の指導の下、後継者が戦略を立案。コンサルタントが指導の補助を行う。
・経営理念：社長と後継者が協力して年内にまとめる。

経営者の今後の取組スケジュール（案）
・顧客・取引先：既存顧客を今後5年間で段階的に後継者に引継ぐ。
・経営ノウハウ：今後5年間で段階的に後継者へ引継ぎ
・財務管理：必要な知識について、後継者に指導を行う。
・経営戦略：後継者の戦略立案をサポートする。
・経営理念：後継者と協力して年内にまとめる。

その他スケジュール（案）
・代表取締役の交代時期：令和9年3期終了後の定時株主総会決議にて交代する。現社長は取締役会長に就任（令和12年3月期頃までを想定）
・株式譲渡：令和10年3月期に後継者へ持分の2/3の譲渡を行い、現社長引退までに100％の譲渡を完了する。

> 後継者の育成が事業承継成功のカギ。現経営者に余力があるうちに早めに行う

イ．日本政策金融公庫の事業承継計画

◆**記載例の概要**

以下の記載例は、自動車関連の電子部品製造業を営む企業が、事業承継へ向けた事業の基盤固めを行いながら、経営権の譲渡を進めていくことを想定しています。

認定経営革新等支援機関の支援も受けながら、株価も考慮した承継計画を策定し、後継者への株式の集約を図ります。また、日本政策金融公庫の事業承継・集約・活性化資金の貸付けを受けることにより、生産性および品質向上を目的とした電子機器製造用機械を導入し、事業承継のための経営の基盤固めを行うこととしています。

各種事業計画の作成　第3章

令和○○年○○月○○日

株式会社日本政策金融公庫　御中

ご署名またはゴム印（社判）を押印ください。

住　　所　宮城県仙台市○○１－２－３

商号又は名称　（株）○○○

代表者名　○○　○○

後　継　者　○○　○○

事業承継計画書

1　事業承継の概要

現経営者	○○　○○
後継者 （現経営者との関係）	○○　○○（関係：長男）
承継時期	○○年○月

2　事業承継を図るための具体的な取組み

項　目	内　　容	実施時期
承継に向けた 事業の方向性	【現状の経営状況】 ・昭和○○年創業の電子部品製造業 ・自動運転関連などの需要拡大（機会）に伴い売上高が増加傾向 ・原料及び材料費の高騰による利益の圧迫、競争の激化（脅威） ・高い技術をもった熟練工の存在（強み） ・機械の老朽化による生産性の低下（弱み） 【承継の方向性】 ・後継者が自社の強みである高い技術力を生かした新事業などにより更に業績を伸ばしていけるよう、既存事業の生産性を向上させ、会社の基盤固めを行う。 具体的には、新機械の導入による設備投資及び、情報システムの整備などにより生産性を向上させ、拡大傾向にある需要を取込み業績の安定を目指す。	令和○○年 ～○○年
株式・財産	当社の株式は、現経営者が７０％、親族が２０％、親族外の役員が１０％を保有している。 まず、親族及び親族外の役員の保有株式を、後継者又は会社が買い取るよう交渉を行う。現経営者の保有株式については、株価を考慮したのち毎年少しずつ贈与を行うが、万が一に備えて遺言を作成する。経営承継円滑化法の遺留分の特例及び事業承継税制の検討も行う。	令和○○年 ～○○年

（注記）
- SWOT分析などにより自社の現状を分析、方向性決定の判断材料にする
- SWOT分析の結果と結び付けて方向性を記載。「強み」を活かし、「弱み」を克服して「機会」を捉える
- まず株価を算定する。株価および後継者の手持ち資金を考慮し、株式を後継者に集める。株価が高過ぎる場合には、経営承継円滑化法、種類株式の活用などを専門家に相談。自社株買いは思わぬ税負担（みなし配当など）を生ずることがあるので、必ず、事前に専門家に相談する

> 後継者教育は、できる限り時間をかけて。くれぐれも喧嘩別れにならないように

後継者教育	現在取締役である後継者は、入社以来、製造、営業の業務を経て、平成〇〇年に取締役に就任。現在は経営企画室にて、事業計画策定などに携わり、役員として経営にも関わっている。主に現経営者が経営の現場で直接指導を行っているが、金融機関開催の後継者セミナーなどにも参加して、経営者としての知識の習得に努めている。	令和〇〇年 〜〇〇年
その他	当社は、創業者である現経営者の強烈なリーダーシップで現在の形を作り上げてきており、その存在は大きい。今後少しずつ後継者への権限委譲を進め、できるだけスムーズな事業承継が行えるよう進めていく予定である。	令和〇〇年 〜〇〇年

> 上記2の具体的取組と整合させて記載。

3　事業承継を図るための必要資金

資 金 使 途	資 金 調 達
生産性及び品質向上を目的とした電子機器製造用機械を導入するための設備資金	日本政策金融公庫から1000万円借入れをする

※　認定経営革新等支援機関、事業承継・引継ぎ支援センター又はミラサポ専門家派遣（以下「支援機関等」といいます。）の支援を受けて本計画を策定した場合は、項番1〜3は事業者が記入し、項番4〜6は、支援機関等が記載してください。
　　なお、支援機関等の支援を受けない場合は、項番4〜6の記載は不要です。

4　支援機関等が実施した支援内容

時　期	支援内容
令和〇〇年 〜令和〇〇年	・自社株の評価 ・事業承継計画策定のアドバイス ・後継者の教育の補助（会計、税務、経営）

5　支援機関等の本計画に関する評価・所見等

・現経営者は早くから事業承継の準備に取り組んでおり、後継者も事業内容や経営について把握するよう積極的に努めており、現時点においては順調に進んでいる。
・後継者への株式の集約については、株価が高いことに留意しながら対策を検討する必要がある。

6　支援機関等連絡先

電話番号
〇〇〇-〇〇〇-〇〇〇〇
住　所
宮城県仙台市〇〇区〇〇10-11-12

機関名　　〇〇〇〇〇　　　　　　　　　　　　（担当者名）〇〇〇〇

> 認定支援機関等の支援を受けている場合に支援機関が記載。支援機関は中小企業庁のサイトなどで検索。金融機関、税理士、中小企業診断士などが登録

〈参考〉事業承継・集約・活性化支援資金（企業活力強化貸付）

日本政策金融公庫

要件（右のいずれかに該当）	●中期的な事業承継を計画し、現経営者が後継者（候補者を含む）と共に事業承継計画を策定していること。 ●融資後概ね10年以内に事業承継を実施することが見込まれること。 ●安定的な経営権の確保等により、事業の承継・集約を行うこと。 ●中小企業における経営の承継の円滑化に関する法律（経営承継円滑化法）第12条第1項第1号の規定に基づき認定を受けた中小企業者（同項第1号イに該当する方に限る）の代表者、同法第12条第1項第2号の規定に基づき認定を受けた個人である中小企業者または同法第12条第1項第3号の規定に基づき認定を受けた事業を営んでいない個人。 ●事業承継に際して経営者個人保証の免除等を取引金融機関に申し入れたことを契機に取引金融機関からの資金調達が困難になっている方であって、公庫が融資に際して経営者個人保証を免除する方 ●事業の承継・集約を契機に、新たに第二創業（経営多角化・事業転換）または新たな取組みを図ること（第二創業後または新たな取組み後、概ね5年以内の方を含む）
資金使途	設備資金および運転資金
融資限度額	別枠7,200万円（うち運転資金4,800万円）
返済期間	設備資金20年以内＜うち据置期間5年以内＞ 運転資金10年以内＜うち据置期間5年以内＞
利率（年）	基準利率、特別利率A、B
担保・保証人	応相談
併用できる特例制度	経営者保証免除特例制度 創業支援貸付利率特例制度 設備資金貸付利率特例制度（東日本版） 賃上げ貸付利率特例制度

2 災害等に備えた事業計画～事業継続力強化計画～

①目的
◆災害等からの早期復旧による事業継続を目指す

　災害等の際に、経営資源が不足する状況の中でも早期に復旧し、事業を継続することを目的として、平時にあらかじめ計画として定めておく事業継続計画（BCP）があります。そのBCPのうち、中小企業向けに特に重要な部分だけを抜き出したものが、「事業継続力強化計画」です。

◆中小企業向けの簡易なBCP。認定を受けると金融、税制、補助金の支援措置あり

　中小企業が策定した防災・減災の事前対策に関する計画を経済産業大臣が「事業継続力強化計画」として認定する制度で、中小企業のための簡易なBCPと位置付けられています。認定を受けた中小企業は、税制措置や金融支援、補助金の加点などの支援策が受けられることがあります（P222参照）。

◆事業活動継続に資する災害対応力を高める

　近年、自然災害の頻発などにより、中小企業等の事業活動の継続に支障を来す事態が生じています。

　地域に根ざした事業活動を行い多くの雇用機会を提供するなど、地域経済において重要な役割を果たしている中小企業にとって、事業継続のための対策は責務ともいえるかもしれません。災害等の際にも事業活動の継続に支障を来さないように経営の強靱化を図るための計画が、事業継続力強化計画です。

　中小企業等の事業活動の継続に資するための災害対応力を高めることを目的としています。

②特徴および留意事項
◆計画書の様式があり、BCPより作成が容易

　事業継続力強化計画は、主に防災および減災に焦点を当てており、従

来の範囲の広いBCPに比べ簡易的になっています。

　また特に様式のないBCPと異なり、中小企業庁が様式を掲載しており、また「事業継続力強化計画策定の手引き」（以下「手引き」とします）にも各項目の記載の例示があるため、手引きを見ながら容易に作成できるようになっています。

　これらにより、情報力の乏しい中小企業にとってはBCPに比べ、取り組みやすいところに特徴があります。

③計画策定の流れ

| STEP1　事業継続力強化の目的の検討 |

※自然災害の発生等により従業員、取引先、地域等に与える影響の軽減に資する観点から検討する

↓

| STEP2　災害等のリスクの確認・認識 |

※ハザードマップ等の活用により災害等のリスクを確認・認識する
　ヒト・モノ・カネ・情報の視点からの自社に対する影響を考える

↓

| STEP3　初動対応の検討 |

※人命の安全確保、非常時の緊急体制の構築、被害状況の把握・情報の共有

| STEP4　ヒト、モノ、カネ、情報への対応 |

※STEP2を踏まえ、事前に行っておくべき対策を検討

| STEP5　平時の推進体制 |

※平時より経営層の指揮のもと計画を実行。訓練・教育の実施。定期的な計画の見直し

④計画策定のポイント
＜STEP1：事業活動の概要において自社の地域における役割を示す＞

事業継続力強化計画は、自社のことだけでなく、災害等の際に自社が継続することによって、経済社会に与える影響を軽減することを目的としています。したがって、まずは経済社会における自社の事業活動が担う役割を示すことがポイントになります。

　この記載がないと、計画の認定申請（P222参照）において、不備として扱われる旨が手引きにも記載されていますので注意が必要です。

＜STEP2：ハザードマップ等により、自社が巻き込まれる可能性のある自然災害を把握する＞

　まず、自社の置かれている状況から、どのような自然災害等に巻き込まれる可能性があるかについて把握します。

　具体的には、ハザードマップやJ-SHIS（地震ハザードステーション）により、自社の事業活動に甚大な影響を与える可能性が高い自然災害等を想定して、計画書にはそのうち一つ以上を記載します。その際、地震については予想震度や津波の予想高さ、水害については浸水の予想高さ等を具体的に記載します。

　また、自然災害等の発生が事業活動に与える影響について、「ヒト」「モノ」「カネ」「情報」の観点から把握します。手引きに記載されている「事象リスト」と「脆弱性リスト」にあてはめて考えます。

【ハザードマップ等の入手方法】(中小企業庁「手引き」より)

地域の自治体ホームページ	－
国土交通省ハザードマップポータルサイト	https://disaportal.gsi.go.jp/
国土交通省川の防災情報	https://www.river.go.jp/
J-SHIS	http://www.j-shis.bosai.go.jp/
中小企業の情報セキュリティガイドライン（情報セキュリティ自社診断・リスク分析シート）	https://www.ipa.go.jp/security/keihatsu/sme/guideline/index.html

＜STEP3：人命の安全確保が最優先。被災時の初動対応をあらかじめ確認しておく＞

被災時には特に人命の安全確保が最優先です。初動対応が大きなカギを握ります。いざというときにもできるだけ落ち着いてスムーズに対応できるよう、「人命の安全確保」「非常時の緊急体制の構築」「被害状況の把握・被害情報の共有」の項目ごとに、初動対応の内容、対応時期、事前対策についてあらかじめ確認しておきます。

　手引きの中に、優先して対応すべき事項が具体的に記載されていますので、参考にしながら検討します。

＜STEP4：被災後の事業継続のため、「ヒト」「モノ」「カネ」「情報」についての対応策を具体的に検討しておく。復興のための道しるべになる＞

　初動対応が終わった後、今度は実際にどのようにして事業活動を再開し継続させていくのかを考えなくてはなりません。被災した時には事業どころではなくなることも考えられますが、あらかじめ具体的に方向性を決めておくことによって、復興を目指すときの道しるべになると考えられます。

　計画書においては各経営資源のうち、自然災害等の影響が想定されるものについて、現在の取組状況と今後の計画を記載します。「ヒト」については自然災害が発生した場合における人員体制の整備、「モノ」については事業継続力強化計画に資する設備、機械および装置の導入、「モノ」については事業活動を継続するための資金調達の手段の確保、「情報」については事業活動を継続するための重要情報の保護について手引きの例を参考にしてあらかじめ検討しておきます。

　計画書にはすべての経営資源についての対策を記載する必要はありませんが、税制および金融支援を受ける場合には、対象設備に関する「モノ」の記載は必須となります。

＜STEP5　平時の推進体制の整備。いざというときのための訓練、教育は重要＞

　いくら詳細な計画を作成したとしても、いざというときに行動できなければ意味がありません。そこで、平時から経営者層の指揮のもと、訓

練・教育を行うための体制を整備します。
　手引きにも、以下の3点について、自社の取組みを検討し、計画書に必ず記載する旨、示されています。
・平時の取組み推進について、経営層の指揮の下実施する。
・年1回以上、訓練や教育を行う体制を整える。
・年1回以上、計画の見直しを行う。

⑤事業継続力強化計画の認定と支援措置
◆申請はGビズIDによる電子申請。金融・税制・補助金等の支援あり
　新規申請、変更申請ともに「事業継続力強化計画電子申請システム」から電子申請します。
　審査の標準処理期間は45日で、申請にはGビズIDアカウント※が必要となります。
　認定を受けた中小企業は、防災・減災設備についての設備投資減税、低利融資等の金融支援、補助金の審査の際の加点措置等を受けることができます。
　※GビズID：1つのIDで、補助金、社会保険、各種申請などの行政サービスにアクセスできる事業者向け共通認証システム

【各種支援措置】

金融	低利融資：設備資金について基準金利から0.9%引下げ 信用保証枠の拡大：信用保証協会による信用保証のうち、通常枠と別枠での追加保証や保証枠の拡大
税制	防災・防災設備に対する税制措置：対象設備について特別償却18%（令和7年4月1日以降事業供用分は16%）
補助金	認定事業者に対する優先採択：ものづくり補助金、IT導入補助金、事業承継引継補助金などの審査における加点措置
損害保険	保険料の割引：損害保険各社からリスクの実態等に応じ保険料の割引が受けられることがある

⑥事業継続力強化計画書の記載例

上記で検討したことを基に計画書にまとめます。

中小企業庁のホームページの手引きには事業継続力強化の目標、内容に応じた対応策などについて参考となる事例が掲載されていますので、自社の状況にあてはめながら作成します。

◆**記載例の概要**

以下の記載例は、会計事務所を営む個人企業が、主に自然災害時においてまず従業員等の安全と生活を守り、その後の復旧活動へとつなげるための方策を検討し、日頃から準備を進めることを想定しています。

発電機を購入して停電に備えるとともに、顧客の会計等のデータを守るために拠点を複数持ったクラウドサーバーを導入します。災害後の早期の業務開始を実現し、顧客や地域社会への影響を最小限に抑えることを目指します。

事業継続力強化計画の認定を受け、対象設備（発電機）につき税制上の優遇措置を受けることも想定しています。

(事業継続力強化計画書の記載例)

事業継続力強化計画

1　名称等

事業者の氏名又は名称　　　　〇〇事務所
代表者の役職名及び氏名　　　　〇〇〇
資本金又は出資の額　　　　　　　　　　　常時使用する従業員の数　　10人
業種　　　　会計事務所
法人番号　　　　　　　　　　　　設立年月日　　平成10年4月10日

2　事業継続力強化の目標
自社の事業活動の概要

> 業種等だけでなく地域での役割の記載が重要

自社の事業活動の概要 **必須**	当事務所は、主に顧問先企業の税務申告や日々の会計記帳の指導などの役割を担っており、早期に復旧しないと、地域における顧問先企業の経営に影響を及ぼすおそれがある。

事業継続力強化に取り組む目的

事業継続力強化に取り組む目的 **必須**	下記2点を目的に事業継続力強化に取り組む 1，自然災害時、サイバー攻撃時に従業員と従業員家族の安全と生活及び顧問先企業の税務会計帳簿などの情報資産を守る。 2，自然災害時、サイバー攻撃時においても顧問先企業の税務会計に関するサービスの提供を継続し、顧問先企業の経営への影響を最小限に抑える。

> 被災した場合の顧客やサプライチェーン、地域経済への影響を考慮。従業員やその家族に対する姿勢を企業理念等に結び付けて記載

> 事業活動に影響を与える可能性が高い自然災害を一つ以上記載(全て網羅する必要はない)

事業活動に影響を与える自然災害等の想定

事業活動に影響を与える自然災害等の想定 **必須**	・当事務所の拠点は東京都目黒区であるが、首都直下型地震が発生した場合には大きな被害が想定される。 ・メールなどを介したコンピューターウイルスへの感染により、顧客情報が消失或いは漏洩する被害が想定される。

各種事業計画の作成　第3章

自然災害等の発生が事業活動に与える影響

最も大きな被害が想定される自然災害等を一つ以上記載 →	(想定する自然災害等) 必須 自然災害等で事業活動に与える影響が大きいものは、震度が6以上となるような地震であり、想定される被害は下記の通り。
「ヒト」「モノ」「カネ」「情報」の観点から事業活動に与える影響を想定して記載 →	(人員に関する影響) 必須 地震が業務時間前に発生した場合には出勤が困難となる。また、業務時間中に発生した場合には、照明及び空調設備の落下や家具の転倒によりけが人が発生し、公共交通機関の停止により、帰宅困難者が出ることが想定される。
	(建物・設備に関する影響) 必須 建物自体は新耐震基準を満たしているため崩壊等のおそれは少ないが、揺れや転倒によりPCや通信設備等が損傷し、また停電により業務が停止することが想定される。
自然災害等の発生が事業活動に与える影響	(資金繰りに関する影響) 必須 設備が損傷した場合、修理費や新設備購入費が必要となる。また、復旧に時間がかかれば、顧問契約の解消により、収入が減少することが想定される。
	(情報に関する影響) 必須 PCや通信設備の損傷により、データセンターへのアクセスに支障をきたし、データセンターが被災していれば復旧までの期間が長期化する。またデータセンターの倒壊などにより保存データが喪失した場合には、事業再開が困難となる。
	(その他の影響)

225

3　事業継続力強化の内容

(1) 自然災害等が発生した場合における対応手順

項目		初動対応の内容	発災後の対応時期	事前対策の内容
1	人命の安全確保	**必須** 従業員の避難方法	発災直後	・事務所内及び事務所付近の安全エリアの設定、確認 ・避難所までの経路を事務所内に掲示
		必須 従業員の安否確認	発災直後	・安否確認用の従業員連絡先リストの作成、連絡網の整備 ・安否確認システムの導入
		顧客への対応方法	発災直後	・顧客の避難場所の周知、誘導体制の確立
2	非常時の緊急時体制の構築	**必須** 代表を責任者とした、災害対策本部を設置	発災後1時間以内	・災害対策本部の役割分担の決定
3	被害状況の把握 被害情報の共有	**必須** 被災状況や、顧客への税務会計サービス提供活動への影響を確認 上記情報を顧問先等の顧客へ報告	発災後12時間以内	・被害状況の確認、および代表への報告の手順、役割の決定 ・主要な顧客、取引先業者の連絡先リストを作成し、被害情報及び復旧見通し等の情報発信方法の策定
4	その他の取組			

※記入欄は追加できます

（吹き出し）電源が使用できないことも想定し紙による掲示およびリスト保管も検討

（吹き出し）事前に周知することが大切

（吹き出し）取引先への影響を軽減。関係維持のため重要

（吹き出し）「事業継続力強化計画策定の手引き」（中小企業庁）P12の推奨項目について対応ができているか確認する

各種事業計画の作成　第3章

(2) 事業継続力強化に資する対策及び取組み

> A～Dのうち一つ以上の記載が必要。税制および金融支援を受ける場合にはBの記入は必須。

	項目	現在の取組	今後の計画
A	自然災害等が発生した場合における人員体制の整備		
B	事業継続力強化に資する設備、機器及び装置の導入	現在、具体的な対策は行っていない。	・停電の際にも事業を継続できるように発電装置を導入する。
C	事業活動を継続するための資金の調達手段の確保		
D	事業活動を継続するための重要情報の保護	・現在、情報の一部をクラウド上で保管してはいるが、それ以外の具体的な対策は行っていない。	・顧客名簿、会計帳簿、税務申告情報など、業務上のすべての情報を電子化しクラウド上で管理する。 ・関東圏以外の場所の離れた複数の施設に保管することが出来るデータセンターを選択する。 ・東京以外の拠点を設け、PCや通信設備等のクラウド上のデータにアクセスできる環境を構築する。

（Bの今後の計画に対して）目的および設備を具体的に記載。災害等の際の事業継続に直接資する設備であることが必要

（Dの今後の計画に対して）情報管理のための拠点を分散するなど、具体的な方策を記載

(3) 事業継続力強化設備等の種類

> 税制優遇を受ける場合には必ず記載。対象は資本金1億円以下の中小企業者等

確認項目	チェック欄
税制優遇を活用する	✓

	(2)の項目	取得年月	設備等の名称／型式	所在地
1	B	R○.6	発電機	東京都○○区○○1丁目2番3号
2				
3				

> 認定日から1年経過日までの間に取得

	設備等の種類	単価（千円）	数量	金額（千円）
1	器具備品	300	2	600
2				
3				

※記入欄は追加できます

確認項目	チェック欄
上記設備は、建築基準法（昭和二十五年法律第二百一号）及び消防法（昭和二十三年法律第百八十六号）上設置が義務づけられた設備ではありません。	✓
上記設備は、中古品及び所有権移転外リースによる貸付資産ではありません。	✓
上記設備は、国又は地方公共団体の補助金等の交付を受けて取得等した設備ではありません。	✓

> 対象外の設備ではない旨のチェック

(4) 事業継続力強化の実施に協力する者の名称及び住所並びにその代表者の氏名並びにその協力の内容

名称	(株)○○○
種別	コンサル会社
住所	東京都○○区○○1−2−3
代表者の氏名	○○○○
協力の内容	自然災害に備えた事前対策について、情報システム構築を含めた技術的な助言を受けること。

※記入欄は追加できます

> 協力者（親会社、金融機関、取引先、コンサル会社、保険会社等）がいる場合に記載

第3章 各種事業計画の作成

(5) 平時の推進体制の整備、訓練及び教育の実施その他の事業継続力強化の実効性を確保するための取組

経営層の下推進 必須	教育・訓練の実施 必須	見直しを計画 必須
計画の推進及び教育訓練については、事務所代表の指揮の下、実施する。	毎年6月を目途に、全従業員参加の教育・訓練を実施する。	事務所の状況に合わせ実態に則した計画となるように、年1回以上計画の見直しを実行する。

> 実効性の確保のため、経営層の関与の下に実施。
> 年1回以上の訓練と計画の見直しは必須

4 実施期間

本計画の実施期間を記載します。

実施期間	必須	西暦2025年4月～2028年3月

> 3年以内の取組みであること。状況が変化したら、実施期間の経過を待たずに見直しを検討

5 事業継続力強化を実施するために必要な資金の額及びその調達方法

> 税制優遇や金融支援を受ける場合には必ず記載

実施事項	使途・用途	資金調達方法	金額（千円）
事前対策	発電機の購入	自己資金	600
事前対策	設備の復旧費用の支払い	当該設備にかかる損害保険等への加入	10,000
事前対策	セキュリティーサービスの導入	日本政策金融公庫	3,000

※記入欄は追加できます

> 必要な保険料ではなく、事業継続に必要な金額（保険金額）を記載

6 その他

関係法令の遵守等、その他必要事項を確認し、該当するものにチェックを付します。

（1）関係法令の遵守 必須

> 関係法令の遵守については、チェックが必要

確認項目	チェック欄
事業継続力強化の実施にあたり、私的独占の禁止及び公正取引の確保に関する法律（昭和二十二年法律第五十四号）、下請代金支払遅延等防止法（昭和三十一年法律第百二十号）、下請中小企業振興法（昭和四十五年法律第百四十五号）その他関係法令に抵触する内容は含みません。	✓

（2）その他事業継続力強化に資する取組（任意）

確認項目	チェック欄
レジリエンス認証制度（※1）に基づく認証を取得しています。	
ISO 22301認証（※2）を取得しています。	
中小企業BCP策定運用指針に基づきBCPを策定しています。	

（※1）国土強靱化に貢献する団体を認証する制度
（※2）事業継続マネジメントシステム（BCMS）の国際規格

> 該当するものがあればチェック

更新履歴

Ver.	更新日	変更内容	備考
1.0	2022年7月6日	電子申請画面に合わせて作成	
1.1	2022年8月4日	レイアウト、セルの調整	
1.1	2022年8月4日	（2）事業継続力強化に資する対策及び取組の「注意点」に『「現在の取組」と「今後の取組」はセットで記載してください。』と追加。	片方のみの記載はシステムエラーとなる
1.2	2022年8月8日	（2）事業継続力強化に資する対策及び取組のB欄の注記に「金融支援」を追加。	

以上

「来期こそもうだめだ」
～「起死回生」の事業計画はNG

　「来期こそもうだめだ。今度こそまずいことになる」
　来期の予算の話をしているときの顧問先の経営者の言葉です。毎期必ず悲観的な話になり、予算も控えめになり暗い空気が漂います。
　これに対し、どう見ても苦しいのに、次々と「起死回生」のような話が出てくる楽観的な経営者もいます。そのような方は右肩上がりの予測を立てます。
　その人の性格にもよりますし、どちらがいいというわけではないかもしれません。
　でも30年以上この業界におりますが、良い業績の会社の経営者は「もうだめだ」の方が多い気がします。「もうだめだ」と考えるからこそ必死に方策を考え、努力するからなのでしょうか。
　「もうだめだ」の方は借入金に対しても慎重です。当たり前といえばそうですが、借りたものは返さなければならないことをよく認識しているのでしょう。冷静に自社の状況を分析しているからこそ、来期こそ厳しいんじゃないかと恐怖心を抱くのは当然のことなのかもしれません。
　これに対して、楽観的な見方をしている経営者は、「起死回生」を信じているため具体的な改善になかなか取り組みません。特に中小企業の経営者にとっては来期の売上が保証されているわけではなく、事業が継続できる保証は何もありません。にもかかわらず楽観的に売上が上がって何とかなると思っている経営者の事業計画は、甘い現状認識に基づく、到底予定通りの結果が望めない計画となっているような気がします。
　もちろん苦しいときには楽観的な前向きな考えも必要かもしれません。ただ、苦しくなった原因としてそのような楽観的な姿勢が影響するのも事実でしょう。
　「大胆にして細心」、普段は用心深く細心の注意を払って経営をしているのに、勝負のかかった大事な局面では、大胆な経営判断をするということでしょうか。
　「言うが易し……」でなかなかこうはいきませんが、事業計画においても「起死回生」の計画ではなく適正な現状認識に基づく慎重な予測を基本として、時には大胆な決断ができるような経営者になりたいものです。

索　引

あ行

アンゾフの成長マトリクス ……… 108
遺留分（対策） ……………… 203、207
売上（販売）計画 ……………… 44、178
売上原価（計画） ……………… 50、51
SDGs ………………………………… 82
STP 分析 …………………………… 26
M&A ………………………………… 79

か行

海外市場特有のリスク ……………… 126
海外展開事業計画 …………………… 122
会社概要 ……………………… 18、23
会社分割 ……………………… 202、204
合併 ………………………………… 204
株価対策 …………………………… 205
株式会社 …………………………… 97
株式の譲渡 ………………………… 204
株式の贈与 ………………………… 204
関連企業 …………………………… 90
キャッシュフロー計画 ……………… 178
借入状況 …………………………… 90
簡易課税 …………………………… 79
環境分析 …………………………… 107
企業理念 …………………………… 23
機能別組織 ………………………… 69
給与支給総額 ……………………… 151
クロス SWOT 分析 ………………… 31

経営改善計画 ……………………… 173
　－策定支援事業→ 405 事業
経営革新計画 ……………………… 149
経営課題 …………………………… 32
経営者略歴 ………………………… 88
経営ビジョン ……………………… 19、25
経営力向上計画 …………………… 132
原価率 ……………………………… 51
現状分析 …………………………… 20、25
現地調査 …………………………… 127
後継者（問題） ……………… 198、202
合同会社 …………………………… 97
顧客ニーズ ………………………… 12、38
国民生活事業 ……………………… 181
個人事業 …………………………… 97

さ行

債権放棄 …………………………… 187
在庫金額 …………………………… 51
差異分析 …………………………… 76
財務デューデリジェンス …………… 188
財務分析 …………………………… 60、62
CSR ………………………………… 82
JETRO ……………………………… 123
G ビズ ID …………………………… 222
時間管理 …………………………… 70
事業継続 …………………………… 15、198
事業継続計画（BCP） ……………… 218
事業継続力強化計画 ……………… 218

事業再生（計画）……… 15、79、185	信用の付与……………………………12
事業承継計画 …………………………198	SWOT分析 ……………………………30
事業承継・集約・活性化支援資金	数値計画 …… 21、39、90、102、178
………………………………………217	ストックオプション ……………………63
事業承継税制 ………………………206	税金………………………………………77
事業承継・引継ぎ支援センター	セグメンテーション ……………………27
………………………………………208	設備投資計画 …………………………52
事業承継・引継ぎ補助金 …………208	戦略立案 ………………………………20
事業譲渡 ………………………………203	創業計画 ………………………………85
事業戦略 ………………………………32	創業動機 ………………………………88
事業デューデリジェンス……186、189	贈与税 ………………………………203
事業部制 ………………………………68	組織形態 ………………………………68
事業別分野指針 ……………………137	組織・人員計画 ………………………68
事業領域（事業ドメイン）… 25、112	損益計画
資金繰り計画（表）………… 56、87	……… 41、42、52、87、127、178
資金計画 ………………… 54、89、127	損益計算書……………………………177
資金調達 ………………………………95	損益分岐点 ……………………………47

自治体制度融資 ………………………96	<div align="center">た行</div>
実行計画 ………………………… 21、68	
実行スケジュール ………… 70、101	第三者機関……………………………186
資本計画 ………………………………63	貸借対照表……………………………177
資本政策 ………………………………64	中期経営計画…………………………103
社会保険 ………………………………74	中小企業経営強化税制………………141
従業員 …………………………………89	中小企業経営力強化資金 ………140
出資 ……………………………………13	中小企業の事業再生等に関するガ
種類株式 ………………………… 63、205	イドライン ……………………190
消費税 …………………………………78	DDS……………………………………187
職務経験 ………………………………88	撤退ライン……………………………128
新規開業資金 …………………………95	取引先 …………………………………89
新事業活動 ……………………………150	
親族外承継……………………………199	<div align="center">な行</div>
親族内承継……………………………199	
	日本政策金融公庫

233

……………92、129、174、214、217
認定支援機関 …………… 134、178

は行

販売戦略 ……………………32
BCP→事業継続計画
ビジネスモデル ……………29
　－俯瞰図…………… 112、118
PDCAサイクル ……… 73、102
付加価値額 …………………151
返済計画 ……………………174
返済能力 ……………………13
ポジショニングマップ………28
補助金 ………………… 13、71

ま行

マーケティングミックス………32
目標償還年数 ………………176
目標利益 ……………………41

や行

融資 …………………………13
予算実績対比 ……… 73、75、77
予想売上高 …………………46
予測貸借対照表 ……………60
405事業 ……………… 178、191

ら行

（企業の）ライフサイクル
　……………… 10、14、 84
　－衰退期…………… 11、15、173
　－成熟期…………… 10、15、133
　－成長期…………… 10、14、103
　－導入期…………… 10、14、 85
労働生産性 …………………134
ローカルベンチマーク………135

MEMO

MEMO

● 著者プロフィール

森　隆夫 （もり・たかお）

公認会計士、税理士、中小企業診断士
森税務会計事務所 所長
新宿監査法人所属
日本公認会計士協会 研修企画出版専門委員
宮城県仙台市出身。高校卒業後上京し、すぐに飲食業に従事。
大学入学後、在学中に有限会社を設立し会員制の飲食店を経営。勤務時代を含め約10年間飲食店の経営に携わる。
その後、会計事務所勤務を経て、平成10年に会計事務所を開業し現在に至る。
会計事務所では、主に税務会計業務、創業支援、M&A、相続、事業承継支援などを行っている。
昭和56年　宮城県仙台第二高等学校 卒業
平成 3 年　成城大学法学部法律学科 卒業
平成 9 年　税理士 登録
平成10年　森税務会計事務所 開業
平成11年　中小企業診断士 登録
平成24年　公認会計士 登録
〈著書〉『成功に導く！ 創業支援マニュアル－事業計画・資金調達・各種手続きと事例』（ビジネス教育出版社）

成功に導く！ 事業計画作成支援マニュアル

2025年3月25日　初版第1刷発行

著　者　森　　隆　夫
発行者　延對寺　哲

発行所　株式会社 ビジネス教育出版社

〒102-0074　東京都千代田区九段南4-7-13
TEL 03(3221)5361(代表)／FAX 03(3222)7878
E-mail▶info@bks.co.jp URL▶https://www.bks.co.jp

印刷・製本／シナノ印刷㈱　装丁・本文デザイン・DTP／タナカデザイン
落丁・乱丁はお取り替えします。

ISBN978-4-8283-1116-6　C2034

> 本書のコピー、スキャン、デジタル化等の無断複写は、著作権法上での例外を除き禁じられています。購入者以外の第三者による本書のいかなる電子複製も一切認められておりません。

=ビジネス教育出版社 関連図書=

成功に導く！ 創業支援マニュアル（改訂版）
―事業計画・資金調達・各種手続きと事例

森 隆夫（公認会計士・税理士・中小企業診断士）／著
A5判・276頁　定価：本体2,500円+税
創業に必要な実務情報を網羅して好評のロングセラーが最新情報を織り込んでさらに充実！　インボイス制度の導入をはじめとする税制改正や社会保険制度の改正等を反映し、法人成りや事業譲受等による創業など3つの事例も追加。

Q&A 事業性融資推進法と融資実務のポイント
―企業価値担保権

弁護士 冨川 諒／著
A5判・192頁　定価：本体2,200円+税
事業の将来性等に基づく資金調達を可能とする新制度「企業価値担保権」の仕組み・課題等をわかりやすく解説。のれん・ノウハウ・顧客基盤等の無形資産を含む総財産を目的とする新しい担保権とは？

残る会社、消える会社は財務で決まる

壬生米秋（公認会計士・税理士）／著
A5判・192頁　定価：本体2,000円+税
財務を切り口にした成功・失敗事例を豊富な実務経験を踏まえて紹介し、未来に向けて「思い」を具現化できる経営を推奨。財務を単なる資金管理ではなくマネジメントの一環として捉えた「キャッシュフロー経営」の究極の姿とは?!

20の経営ガイドラインと伴走支援コンサルティング

中村 中（経営コンサルタント・中小企業診断士）／著
A5判・272頁　定価：本体2,700円+税
対話と傾聴を重視する伴走支援コンサルで中小企業の自己責任による経営改善計画をレベルアップ！　収益力改善支援、事業再生、ESG、知財、GXなど経営陣が知っておくべきガイドラインを網羅し、わかりやすく解説。